康熙大帝传

徐苑琳◎编著

中国纺织出版社有限公司

内 容 提 要

康熙皇帝可以说是历代最成功的帝王之一。他少年登基、文治武功，展现雄才大略，在位时间长达61年之久，开启了康乾盛世。他用一生诠释了什么是英明的帝王，有“千古一帝”的美誉，是历代君王效仿和学习的榜样。

本部传记以时间为中心轴，阐述了康熙皇帝的一生，记录了康熙一生中辉煌的时刻，从智擒鳌拜、平定三藩、收复台湾，到征战噶尔丹、安定边疆等，从这些大事件中，我们见证了康熙皇帝从一个弱小少年到一代帝王的成长过程，相信读者朋友们能从中有所收获。

图书在版编目（CIP）数据

康熙大帝传 / 徐苑琳编著. --北京：中国纺织出版社有限公司，2022.6（2025.3重印）

ISBN 978-7-5180-9456-1

Ⅰ. ①康… Ⅱ. ①徐… Ⅲ. ①康熙帝（1654–1722）—传记 Ⅳ. ①K827=49

中国版本图书馆CIP数据核字（2022）第053276号

责任编辑：闫 星　　责任校对：高 涵　　责任印制：储志伟

中国纺织出版社有限公司出版发行

地址：北京市朝阳区百子湾东里A407号楼　邮政编码：100124

销售电话：010—67004422　传真：010—87155801

http://www.c-textilep.com

中国纺织出版社天猫旗舰店

官方微博 http://weibo.com/2119887771

德富泰（唐山）印务有限公司印刷　各地新华书店经销

2022年6月第1版　2025年3月第5次印刷

开本：880×1230　1/32　印张：6

字数：93千字　定价：49.80元

前　言

康熙大帝，也就是清圣祖仁皇帝爱新觉罗·玄烨，是清朝第四位皇帝、清定都北京后第二位皇帝，年号康熙。

康熙的一生可以说是波澜壮阔的，他8岁登基，14岁亲政，在位61年，是中国历史上在位时间最长的皇帝。他在少年时就以过人的才华，挫败了权臣鳌拜，成年后先后平定三藩、收复台湾（郑氏台湾）、保卫雅克萨（驱逐沙俄侵略军）、亲征噶尔丹，以尼布楚条约确保清王朝在黑龙江流域的领土控制，创立“多伦会盟”取代战争，联络蒙古各部。不仅如此，面对国基未稳、满汉离心、吏治腐败、国库空虚等问题，康熙更是以强有力的手腕制定了一系列的措施，轻徭薄赋，与民休息，奖励垦荒，致力治河，启用汉臣，励精图治，这些措施使得清朝的政治、经济等方面都在当时的世界上首屈一指。他开创了康乾盛世的局面，是一位英明的君主、伟大的政治家，部分人甚至称他为“千古一帝”。

然而，康熙虽武功卓越，运筹帷幄，但绝不是穷兵黩武

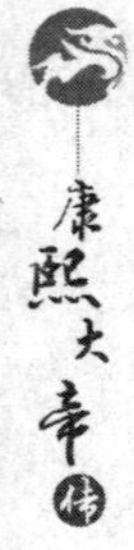

的皇帝，他更热爱学习、读书：他命人编撰了《康熙字典》《古今图书集成》《历象考成》《数理精蕴》《康熙永年历法》《康熙皇舆全览图》等图书、历法和地图；对于西方的科学和数学，他也勤奋钻研……

然而，人无完人，康熙也是如此。康熙在位时，推行文字狱，开了清朝文字狱的先例，遏制了读书人开拓创新的思想；康熙虽然热爱西学，但却没有将其运用到生活和生产中，也没有推动清朝近代文明的产生，这也为大清的灭亡埋下了根源；他采取闭关锁国的保守政策，直接导致了经济的停滞与倒退，使中国逐渐落伍于他国。然而，瑕不掩瑜，尽管康熙身上也存在着诸多不足，但他的历史功绩仍令后人肯定。

本书是一本人物传记，以时间为轴线，讲述了康熙帝少年承运，力挽狂澜，智擒鳌拜、平定三藩、亲征噶尔丹、收复台湾，在一系列军事行动中或御驾亲征，或决胜千里的光辉事迹。康熙帝是封建统治后期最为英明神勇的帝王之一，也是奠定清朝数百年基业的一位核心人物，本书旨在向读者呈现一个多维度的帝王形象，希望读者朋友们喜欢。

编著者

2022年3月

目　录

第一章　少年天子，初露锋芒　/ 001

不同寻常的童年　/ 002

8岁登基　/ 005

四大辅臣之间的争斗　/ 013

智擒鳌拜　/ 019

第二章　锐意进取，平定三藩　/ 025

藩王——危机清廷的心腹大患　/ 026

决定撤藩三藩　/ 031

吴三桂起兵　/ 035

王辅臣投降　/ 040

吴三桂败亡，三藩终平　/ 047

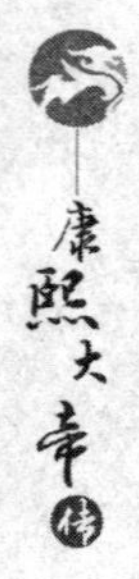

第三章　剿抚并行，收复台湾　/ 053

分化瓦解郑氏力量　/ 054

一统台湾并设立政府　/ 066

第四章　驱逐沙俄，签订条约　/ 081

沙俄的扩张　/ 082

军事外交政策并驾齐驱　/ 085

雅克萨大捷，俄军败退　/ 092

签订条约　/ 097

第五章　亲征噶尔丹，进兵入藏　/ 105

噶尔丹崛起，蒙古内乱　/ 106

乌兰布通之战　/ 113

再度亲征，平复蒙古　/ 119

第六章　“全能”皇帝，好学慎独　/ 127

多才多艺的康熙帝　/ 128

初创密折陈奏制度　/ 132

尊崇陈朱理学 / 138

系统化学习西学 / 141

第七章 一生得失，千秋功过 / 147

励精图治，政绩斐然 / 148

经济与民生 / 150

治理黄河、兴修水利 / 154

九子夺嫡 / 160

愈演愈烈的党争 / 173

离世之谜 / 178

参考文献 / 183

第一章 少年天子，初露锋芒

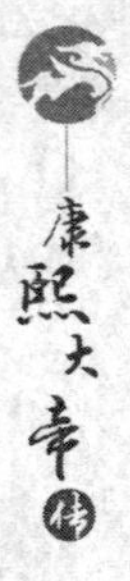

不同寻常的童年

顺治十一年三月十八日（1654年5月4日）早晨，伴随着清晨第一缕阳光逐渐升起，在富丽堂皇的紫禁城景仁宫内，太监、宫女们忙前忙后、步履匆匆，随着一声响亮的婴儿啼哭声，人们悬着的心终于落地了，而圣祖仁皇帝爱新觉罗·玄烨，即康熙帝，诞生了。

虽生于皇家、自小锦衣玉食，但康熙的童年时期却是不幸的。在清代皇宫中，有一条规定：皇子、皇女出生之后，就要从母亲身边抱走，交由乳娘照顾。玄烨也不例外，他出生就和宫女、太监们在一起，从小缺少父母的陪伴，不过，据记载，玄烨的奶妈孙氏和玄烨的感情很深，也是服侍他时间最长的宫人。玄烨在登基称帝后对奶妈孙氏很看重，连带着对她家也格外照拂，三代都受到康熙的恩宠。

康熙是顺治帝的第三个儿子，排在他前面的是大阿哥爱新觉罗·牛钮和二阿哥爱新觉罗·福全。可惜的是，大阿哥只活了89天便不幸夭折了。在玄烨4岁时，受宠的董鄂妃又生了一个儿子，顺治帝十分喜爱，甚至有打算立他为太子的想法，然而这名四皇子也夭折了，顺治帝十分伤心。除此之外，顺治帝还有几个儿子，但大多早夭。

在玄烨小时候，皇宫之内天花肆虐，玄烨在四五岁的时候也得了天花。天花在当时被称为不治之症，一旦感染天花，就只能听天由命，玄烨经过九死一生，才熬过了最艰难的时光。

玄烨8岁时，顺治帝去世，10岁时，生母也去世了，对于一个才10岁的孩子来说，两年之内丧失双亲，着实可怜，但这也是玄烨后来培养出坚强、独立个性的重要原因。

不过，未能在父母前尽孝，也是玄烨一生的遗憾，直到晚年，在谈及此事时，他还说："世祖章天子因朕幼年时，未经出痘，令保姆护视于紫禁城外，父母膝下，未得一日承欢，令朕六十年抱歉之处。"

庆幸的是，玄烨甚得孝庄皇太后喜欢，她不但关心玄烨的饮食起居，更是将他当成未来的皇帝培养，她经常督促玄烨读书写字、告诫他不可偷懒，在玄烨身上倾注了大量心血。她经常为玄烨讲先祖们的事迹，希望玄烨能如他们一样成为有出息、有抱负的人物。

清朝的皇子们从五岁开始就要学习读书写字，而且课业要求在历朝历代的皇子中是最为严苛的。五更时分，天还

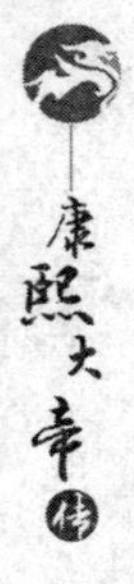

未亮，就要到书房学习，不仅要学习知识文化，还要学习骑射，这是满族的“根本”，玄烨善骑射，就是得益于幼年的严格训练。

《清实录》记载，他读书一目十行，经常过目不忘。且史书有记载：“自五龄后，好学不倦。”对于《三字经》《百家姓》《千字文》《大学》《中庸》《孟子》等读物中的每一篇，他都朗诵一百二十遍，然后背诵，直到背到滚瓜烂熟。

在这种严格的教育下，玄烨各方面都进步得很快，他聪明机警、勤奋好学、虚心求教，很快，他在众皇子中脱颖而出。

为了学到更多的知识和掌握更多的技能，玄烨还总是虚心求教于身边的人，其中就有太监宫女。繁重的课业学习也严重损害了他的健康，他甚至累得咯血，但即便这样，他也没放弃学习。

勤奋刻苦加上天资聪慧，康熙在童年时期就已经有了丰厚的学识修养和胸襟，为日后成为一代明君打下坚实的基础。

8岁登基

玄烨6岁时，有一次，顺治帝将诸皇子召进宫。兄弟几个向父皇请安完毕后，顺治帝便问皇子们有什么志向，常宁年仅3岁，不会回答。福全为庶妃所生，年纪长但地位低，他答道："愿为贤王。"而玄烨则高声回答："效仿皇父，勤勉尽力。"就这一句话，八个字奠定了他日后太子的地位。

顺治帝知道这是太后的安排，但对玄烨也是刮目相看，加上此前玄烨由于出天花而侥幸死里逃生，这便让顺治帝有了由玄烨继承皇位的想法。两年后，年轻的顺治帝因爱妃董鄂氏的去世伤心过度，随即一病不起，再加上自己感染天花病毒，深知自己时日不多，顺治帝在孝庄太后的坚持下，立下了玄烨为皇太子的遗诏。顺治十八年（1661年）正月初九日，玄烨在孝庄皇太后的亲自主持下登上皇位，改次年为康熙元年。

顺治在众皇子中最终选择了玄烨，与德国传教士汤若望之间有着莫大的关系。

这位传教士何许人也？

汤若望（1592—1666年），字道未，德国科隆人，天主

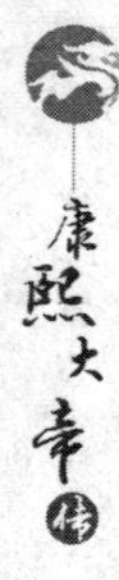

教耶稣会传教士。明万历四十八年（1620年）到澳门，在中国生活47年，历经明、清两朝，是继利玛窦之后最重要的来华耶稣会士之一。

明末清初，中西文化交流呈现出繁荣的景象，而期间起到重要作用的就是传教士，他们来华的直接目的就是传教，为了能让自己的文化得到接纳与尊重，他们也表现出对儒家传统文化的尊重和包容，且他们的工作范围，特别突出的一点就是传播科技，甚至进入仕途。

传教士汤若望就是这样进入朝廷的。崇祯年间，传教士汤若望等人就曾受到朝廷重用，参与过铸造火器和修订历法等工作。清军入关后，汤若望继续受到清廷重用，他曾多次陈述西洋历之长，并准确预测了日食初亏、食甚、复圆的时刻，最终说服多尔衮，从顺治二年开始，将其参与修订的新历《时宪历》颁行天下。汤若望也因此被多尔衮任命为钦天监正。此后，汤若望力图独尊西洋历法，并压制守旧的钦天监士人。

顺治二年，汤若望“以修补新历全书告成，恭敬御览”。他因有功于朝廷，地位也节节攀升，甚至被顺治尊称为“玛法”（满语意思为爷爷）。

在顺治帝立大清未来皇帝这件事上，顺治帝认为汤若望

的立场中立、没有私心，于是便去询问汤若望的意见。汤若望感谢了顺治皇帝对自己的信任，经过反复权衡考虑后，建议顺治皇帝选择皇三子玄烨为皇位继承人。

理由是什么呢?

汤若望给出了自己的理由，是玄烨（康熙皇帝）曾经得过天花。

据《圣祖廷训格言》记载，康熙皇帝在晚年回忆："朕幼年时未经出痘，令保姆护视于紫禁城外，父母膝下未得一日承欢，此朕六十年来抱歉之处。"这是说玄烨为了躲避天花，在幼年时离开父母，到皇宫外居住。然而，这种躲避的办法似乎没有什么用，玄烨在2岁时，依然受到天花病毒的袭击——幸运的是，玄烨侥幸活了下来，只是在脸上留下一些若隐若现的麻子。

所以，有人称康熙皇帝为"康麻子"。

得过天花的人，身体内会产生抗体，以后再也不会得天花病了。显而易见，将皇三子玄烨确定为皇位继承人，有助于保持政权的稳定。孝庄太后也同意了汤若望的意见。于是，年仅8岁的玄烨成为了皇位继承人。不久，顺治皇帝病逝，玄烨继位为帝，是为康熙皇帝。

不过，汤若望没有想到的是，自己在此后不久就死于一

场政治阴谋，倒是康熙，因为有了抗体，身体也康健，一生没有生过大病。

不过即便如此，顺治帝和孝庄太后还是不放心，因为康熙年纪太小，无法处理朝政，需要有人帮助他，帮他度过这段时间，直到他亲政，但是谁才是这个合适的人选呢？

首先，康熙的生母佟氏不行，她是汉人，无法驾驭满朝的满族文武官员，孝庄太后是蒙古人，也不行。并且，自古以来，后宫不得干政，顺治帝不能破坏祖制。

其次，亲王辅政也不行。顺治帝也是幼年继位，当时由他的九叔多尔衮摄政，此人把控朝堂、独断擅权，到现在，那些往事还历历在目，幸亏多尔衮早逝，不然后果不堪设想，他们不能让康熙再走顺治的老路，所以这种辅政的方式很快被否决。

最后，他们决定采用大臣辅政的制度。所谓大臣辅政，顾名思义就是在诸多可信任的臣子中挑选出德高望重的臣子来辅佐新帝处理政事。这种辅政方式的优点在于，不是单个人辅政，而是一个团体，他们所代表的势力、利益不同，无法造成专权，最为重要的是，大臣辅政也只是临时的、阶段性的，一旦康熙亲征，这个团体就解散，不会威胁到皇权。

深思熟虑后，顺治帝选择了四个人：内大臣赫舍里·索尼、苏克萨哈、遏必隆、鳌拜。这四个人都有着丰富的政治经验，最为重要的是，他们都是从多尔衮的政治斗争中脱颖而出的，绝对忠诚于大清皇权。

于是，康熙继位第五天，孝庄太后便向王室宗亲、文武大臣发出谕旨：要报答先帝的恩情，就要同心协力辅佐幼主，这样才能名垂青史。

首先来说赫舍里·索尼，满洲正黄旗人。其父为硕色，是大学士赫舍里·希福的兄长，清太祖时，他们就自哈达携带家眷前来归顺。因为他们兄弟父子全都通晓满文及蒙、汉文字，所以命硕色与希福一起入值文馆，赐号为“巴克什”，授索尼为一等侍卫。之后从征界籓、栋夔。

在战斗过程中，他救了皇太极的长子豪格，被皇太极引为左膀右臂，也十分忠于皇太极。

公元1643年，52岁的太祖皇太极驾崩，因是猝死，所以也没有立下皇储，引起了动静不小的立储风波。作为皇太极同辈最有威望的睿亲王多尔衮和皇太极的长子肃亲王豪格成立了立场鲜明的两派。太祖十二子英亲王阿济格、太祖十五子豫亲王多铎都希望多尔衮继位，豪格一派呼声反被压了下去。而此时索尼起到了一个关键性的作用，就是经多尔衮邀

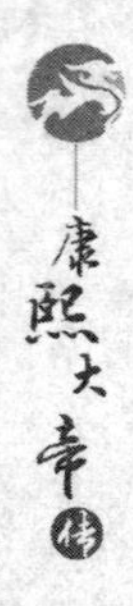

请，他向多尔衮建议唯有从皇太极皇子中选出一位，方属最合理的结果，最终经过协商，选定皇太极九子福临继位，是为顺治皇帝，由多尔衮摄政辅之。可以说，如果没有索尼当初的力排众议，那么也就没有后来的世祖皇帝了。

在立储之事中，索尼得罪了如日中天的摄政王多尔衮，于是在顺治登基的第二年（1645年），多尔衮解除索尼的启心郎之职，尽管多尔衮几次示好索尼，但索尼依旧在群臣都依附多尔衮的时候坚持自己的初心。随着多尔衮心中积怨愈深，终于在公元1648年，贝子屯齐诬告索尼预立豪格为帝，按照旧例谋反大罪当诛，但朝廷念其往日功劳，于是索尼被罢黜官职并被抄了家，被安置到昭陵守陵。

直到顺治八年（1651年）顺治帝亲政后，才将索尼召回，所有官职爵位一切复原。在顺治朝累进世袭一等伯，历任内大臣，兼议政大臣、总管内务府，成为顺治朝的头号大臣。

顺治十八年（1661年），24岁的顺治帝驾崩，遗命索尼、苏克萨哈、遏必隆、鳌拜四大臣作为辅政大臣辅佐年幼的康熙帝。索尼能成为四大臣之首，是用很多功劳来铺成的，自此，索尼再次登上了政治舞台。

苏克萨哈，全名纳喇·苏克萨哈，满洲正白旗人，父亲名叫苏纳，是最早追随努尔哈赤起兵的一员大将，东征西讨，屡立战功，深得努尔哈赤喜爱，为了让其父更加忠心便把女儿许配给了苏纳，自此苏克萨哈一家便加入皇亲国戚的行列。

苏克萨哈一直跟着多尔衮打仗，在政治上也是顺风顺水，他虽然属于多尔衮一派，但是在多尔衮死后，他是最先站出来指证多尔衮谋反的，从此，他改换门庭，对于他的这一做法，后来的乾隆皇帝不敢苟同，他认为这是政治反水和投机，但顺治帝却认为是“识时务者”。

遏必隆，钮祜禄氏，满洲镶黄旗人，后金开国五大臣之额亦都第十六子，母为清太祖之女，和硕四公主穆库什。额亦都素以果敢著称，遏必隆在这一点上很像他的父亲，他也曾救过皇太极，后来清军入关，遏必隆也义无反顾地支持顺治帝，所以，他和多尔衮也是政敌，直到顺治帝亲政，他的人生才迎来了春天。

鳌拜，瓜尔佳氏，满洲镶黄旗人。清朝三代元勋、权臣，苏完部落首领索尔果之孙，后金开国元勋费英东之侄，八门提督卫齐第三子。

出身将门，精通骑射。跟随皇太极征战四方，攻克皮岛，参加松锦之战，平定农民起义，立下赫赫战功，成为皇

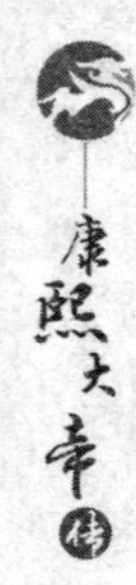

太极最信任的武将，号称“满洲第一勇士”。皇太极病逝后，拥戴皇九子福临即位，成为议政大臣，位极人臣。

鳌拜不仅是战场上的一员骁将，也是皇太极忠心耿耿的心腹。他曾经因为抵制多尔衮差点被杀。

顺治亲政后，闻知鳌拜、索尼等人曾经盟誓“一心为主，生死与共”，忠心耿耿，遂对鳌拜极为敬重，视为心腹重臣。从此以后，鳌拜随侍顺治身边，直接参与管理国家各类事务，如商讨本章批复程序，不过这也逐渐导致了鳌拜晚年的专权。

处理好后事之后不久，顺治十八年（1661年）正月初六，当晚子时，顺治皇帝病逝于承乾宫，享年24岁。正月初九，八岁的玄烨登基，上告天地、宗庙、社稷之后，玄烨穿上孝服在顺治灵前接诏命，然后换上礼服，到皇太后宫行礼毕，走向太和殿，登上皇帝之位，成为清朝第四代皇帝。

随后，四大臣在顺治帝灵前立誓：“竭尽忠诚，不谋私利，不结党羽，不受贿赂，忠心仰报皇恩，全力辅佐君主。”辅政之初，四大臣尚能协商共事，遵守誓言。

四大辅臣之间的争斗

四大臣执政初始，尚能齐心合力，基本上遵照福临制定的方针，继续完成统一中国的战争。康熙元年（1662年）四月，奉四铺臣之命，吴三桂执杀南明桂王朱由榔。西南各地小股抗清势力纷纷归降，偏居台湾的郑氏部属亦有归顺者。三年三月，靖西将军穆里玛同定西将军图海，率八旗劲旅及湖广、四川、陕西三省绿营兵，镇压了大顺农民军余部李来亨领导的郧襄山区茅麓山抗清力量。至此，大规模的民族征服战争结束，清王朝进入了相对稳定的发展阶段。多年的战争给社会生产造成了极大破坏，经济凋敝，民生涂炭。四铺臣面对百废待兴的局势，大力恢复和发展生产，安插流民，奖励垦荒，施行赈济蠲免政策，以苏民生。同时，他们依世祖遗诏精神，将顺治年间改设的内阁和翰林院撤销，重新恢复内三院名称，并加强对官吏的管理，裁汰了十三衙门，扩建了内务府，并注重督抚的楷模作用。几年间，经济发展，年谷屡登，社会秩序趋向安定。

从康熙五年开始，四大臣之间的争斗日益激化。正白与正黄、镶黄两旗同属于上三旗，地位尊贵，但正白旗与两黄旗却积怨甚深，在四大臣中，遏必隆和鳌拜属两黄旗，正白

旗的苏克萨哈成为了他们的眼中钉，被他们打压。四人中，索尼最是德高望重，但是他已经年迈，见鳌拜与苏克萨哈形同水火，却又无力排解，屡次呈请圣祖亲政。遏必隆与鳌拜同旗结党，凡事皆附和鳌拜。而苏克萨哈威望浅薄，势单力孤，心非鳌拜所为而无力抗争。康熙六年六月，索尼谢世。班行章奏，鳌拜均列首位。

在鳌拜专权的道路上，最大的障碍就是苏克萨哈。

苏克萨哈也是个才能突出的人，他文武双全，曾追随顺治皇帝驰骋天下，多次镇压农民起义军，而且为人平易近人、善结好友，只要是有才干的，他都虚心接受。值得一提的是，鳌拜和苏克萨哈是儿女亲家，但因为政见不同，两人如同水火。

为了扫清苏克萨哈这一障碍，他做了四件事。

一是极力拉拢索尼和遏必隆，取得两人支持。索尼和遏必隆都是两黄旗人，他们和鳌拜都是皇太极的忠实部下，因此关系本来就比较近。而且在拥戴顺治继位的时候，鳌拜是发起者，再加上索尼年纪比较大，不愿意再多过问朝政，遏必隆又是个老好人，鳌拜稍微一拉拢，他们自然站在鳌拜一边。因此，在四大臣辅政中，很快对苏克萨哈形成“三比一”的绝对优势。

二是极力为正黄、镶黄两旗人谋福利，以取得他们的支持。他的方法就是提出正黄旗、镶黄旗与正白旗换地。这种做法为正黄、镶黄两旗的人争得了不少利益，在多尔衮时期，由于多尔衮的袒护，正白旗所得到封地明显比正黄、镶黄旗好，鳌拜因此有此举动。鳌拜这也是效法皇太极的做法。

三是削弱苏克萨哈的支持势力。鳌拜处决了三个反对换地的人，包括大学士、户部尚书苏纳海，直隶、山东、河南三省总督朱昌祚以及巡抚王登联。这些人都是正白旗或者同情正白旗的人，也是苏克萨哈的支持者，削弱了苏克萨哈的支持势力。

四是孤立苏克萨哈。苏克萨哈在顺治亲政时首先站出来指出多尔衮罪状，这一点为很多人所不齿，后来在与鳌拜的争地斗争，以及保护三位部下的风波中居于下风，因此正白旗人对苏克萨哈多有怨言。苏克萨哈两边不讨好，最后才彻底败下阵来。

苏克萨哈在一败涂地的情况下，准备来一招“置之死地”“釜底抽薪”或者说“同归于尽”。他提出还政于康熙，自己去给顺治守陵，想让康熙皇帝来压制鳌拜，但是康熙毕竟年幼，鳌拜根本没把这个小皇帝放在眼里，因此他罗

列了苏克萨哈的二十四大罪，将他处死，甚至把他一家差不多灭族。

值得注意的是，康熙也是在这样的变化中逐渐成长成熟了，而且学会了使用一些策略，这些变化都是鳌拜没有察觉的。

起初，康熙发现，索尼总是称病休息不上朝，他一开始在上朝时会问一问索尼的病情，可是随着时间的推移，康熙发现鳌拜对于他关心索尼的态度似乎并不愉快，于是，他改变了方法，开始当场训斥索尼因私废公、不顾大局，但下朝之后，康熙会去索尼的家里看望他，还会将鳌拜在朝堂上的所作所为告诉他，并征询索尼对付鳌拜的策略。后来，在康熙五年时，太皇太后和康熙还决定立索尼的孙女赫舍里氏为皇后，很明显，这也拉拢了索尼。

对待鳌拜，则以安抚和麻痹为主，表面上，康熙对鳌拜的结党营私的行为毫不知情，还在朝堂上赞赏鳌拜和他的党羽，这样，能稳住鳌拜，避免他在康熙羽翼未丰时做出犯上作乱的行为。

康熙很明白，遏必隆一派依附鳌拜，不过是胆小而已，为此，康熙立遏必隆的孙女为贵妃，这种做法也能遏制遏必隆和鳌拜串通一气。

苏克萨哈作为鳌拜党的对立派，经常在朝堂上当面指出鳌拜的罪状，这虽然也是康熙想说的，但是他并不能在朝堂上顺着苏克萨哈，而是要训斥他，防止鳌拜集团向外扩张。

从这些措施能看出来，康熙能清晰准确地把握四大臣的不同特点，并能对症下药，找到对付每个人的方法，表现出一个成熟的政治家的风范。

然而，康熙担心的一些事还是发生了。

康熙五年（1666年），鳌拜借口多尔衮时期将镶黄旗应得到的土地给予正白旗，以坏地换好地，使本旗镶黄旗领所得到的田地十分“不堪”，提出应该给予调换。

索尼、遏必隆都支持他，鳌拜遂移文户部，并以土地不堪为理由。户部尚书、隶正白旗的苏纳海认为土地分配已久，且康熙三年奉有民间土地不许再圈圣旨，反对更换。鳌拜暗欲置之死地。此后，虽有议政王大臣议复此事，又有都统贝子温齐等人查勘八旗占地的详情，辅臣等仍称旨说：永平府周围地亩未经圈出，应令镶黄旗移住。并援引顺治帝的凡事俱太祖太宗例行之旨，极欲实现鳌拜心愿。四月，户部遵旨议复镶黄、正白两旗换地一事，以两议请旨。鳌拜等人在称旨时将两议中于己有利的内容全部纳入。

是年底，直隶山东河南总督、隶汉军正白旗的朱昌祚和

直隶巡抚、隶汉军镶红旗的王登联均据实据理，抗言直谏。鳌拜等对他们称旨严责。不久，在鳌拜的一手操纵下，苏纳海、朱昌祚、王登联均被革职，交刑部议罪。年轻的康熙帝知道拜鳌必欲杀害这三人，特召四辅臣询问，独苏克萨哈不语，其他三人坚持应置重刑。康熙帝始终不允鳌拜等人所奏。谁知，鳌拜竟擅自矫旨，将苏纳海、朱昌祚、王登联处予绞刑，家产抄没。

十二月，这场圈换旗地之争以鳌拜得势暂告结束。

四大臣中，苏克萨哈在与鳌拜一派的争斗中逐渐感到力不从心，心生退意。

索尼看着鳌拜的势力逐渐坐大，而自己也年岁渐长，心中十分忧虑，于是，他策动三辅臣与自己一起奏请皇上亲政。这年，康熙十四岁时，在索尼等人的不断请求和太皇太后的应允下，康熙决定亲政，但为了安抚鳌拜，他依然下令鳌拜等人以辅政大臣的身份处理国家事务。不久，苏克萨哈上奏请求为顺治先帝守陵，以此保全余生，但是鳌拜依然不放过他，鳌拜及大学士班布尔善诬以不欲归政，对其列二十四罪，将其灭族。

智擒鳌拜

康熙亲政后，很快，索尼也去世了，苏克萨哈被杀，四大辅臣只剩下一个无足轻重的遏必隆，鳌拜更加肆无忌惮，为所欲为。按照班次，在朝堂上，应该是鳌拜在遏必隆左边，而遏必隆在鳌拜右边，但在一次上朝时，遏必隆特意后退，低头哈腰地向鳌拜谦让说："我怎好上座？"鳌拜听完后，大为得意，随即也不推辞就上座了。鳌拜的党羽在上奏列名时，更是直接将鳌拜放在遏必隆前面，鳌拜的爵位也不断提升。康熙六年时，鳌拜受封通火一等功，康熙七年时，更是直接擢升为太师。直到清朝灭亡，也只有鳌拜和遏必隆有这一称号。

慢慢地，鳌拜越发器张了，他的势力遍布朝廷内外，所有的政事，都要先在他的家庭内部商讨过后，再进行实施，对于朝廷官员的任命，完全按照鳌拜的喜好来。比如，有史料记载，康熙曾任命了马希纳为户部尚书，但是鳌拜坚决将自己的侄子玛尔迩赛补任，这就造成了一个职位两个官员的情况，后来，他的侄子更是连户部大权也抓住了。

最让康熙看不过去的是，鳌拜经常在朝堂上当着康熙的面大声训斥下面的官员，俨然一副自己才是天子的模样，

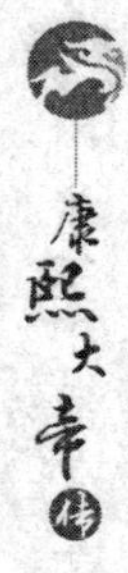

康熙意识到，如果不铲除鳌拜，将对自己的政权有巨大的威胁。

事实上，在康熙已经亲政时，鳌拜就不想归政于他。当时在康熙宫廷中的法国传教士白晋记载说："在康熙十五六岁时，四位摄政王中最有势力的宰相（即鳌拜），把持了议政王大臣会议和六部的实权，任意行使康熙皇帝的权威，因此，任何人都没有勇气对他提出异议。"此时的鳌拜已经对康熙的皇权构成了严重威胁。

康熙决意铲除鳌拜集团，但要达成目的，还需要一个完善、周全的计划，鳌拜党羽已经遍布朝廷内外，行动稍有不慎，必将打草惊蛇，酿成大变。康熙决定不露声色，于是挑选一批身强力壮的亲贵子弟，在宫内整日练习布库（满族的一种角力游戏，类似摔跤）为戏。鳌拜见了，以为是皇帝年少，沉迷嬉乐，不仅不以为意，心中反而暗自高兴。康熙八年（1669年）五月，清除鳌拜的时机终于到来。康熙先将鳌拜的亲信派往各地，离开京城，又以自己的亲信掌握了京师的卫戍权。这时康熙皇帝早已布好六连环计策，意在生擒鳌拜。

六连环计策：

一连环：康熙和孝庄太皇太后联同爱新觉罗家族、赫舍里氏家族、钮钴禄氏家族。三大家族合并，共同对付鳌拜。

二连环：索尼之子索额图奉命调任康熙侍卫，当天索额图在门外站岗，缴了鳌拜的武器。

三连环：鳌拜所坐的椅子，右上角的腿是锯断又简单黏合的。因为他面圣，身子要朝皇帝那方倾斜，因此这折了的腿不会用上力。

四连环：十几个布库少年中，最厉害的两个，一个在椅子后面服侍；另一个则端上在开水中煮了一个多时辰的茶杯，给鳌拜送茶。

五连环：将生擒鳌拜的地点选在宽阔的武英殿。

六连环：将训练好的十几名布库少年藏于武英殿内。

此前，康熙召集身边练习布库的少年侍卫说："你们都是我的股肱亲旧，你们怕我，还是怕鳌拜？"大家说："怕皇帝。"一群小毛孩子，其实他们连鳌拜是谁都不知道。

擒拿鳌拜当天，鳌拜受皇帝召见，进入武英殿。在门外，索额图让他交出武器。鳌拜大意了，心想：就算交出去他们也奈何不了我，再说一个小皇帝能把我满洲第一勇士怎么样呢？于是交出了随身佩剑。鳌拜来到武英殿之上，康熙一声令下：赐座！鳌拜就坐在了那经过改装的椅子上。鳌拜身体向着皇帝，下面都按照原定的计划进行，功夫第二好的布库少年乔装成太监给鳌拜送茶，鳌拜接过茶杯，拿盖子的

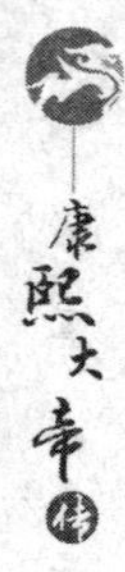

时候，觉得非常烫，要把茶杯摔了。但他不敢冲皇帝，因为那样是大不敬。身子就靠向了那条残废的椅子腿，这时，椅子后面的布库少年用力一推椅子，使鳌拜整个身子连同茶杯都摔在了地上。布库少年大喊：快来救鳌少保！这时早已埋伏好的十几个布库少年一拥而上。鳌拜还天真的以为他们是来扶自己的，哪想到他们竟是要擒拿自己！当把鳌拜弄得不能动弹了，康熙突然起身，读起鳌拜的三十大罪状来。当念到“凌迟处死”时，鳌拜挣脱了这十几个孩子。脱下上衣，露出了满身的伤痕。指着康熙皇帝：“我鳌拜一辈子，哪一天不是为了你们爱新觉罗打天下！你们却如此对我！”康熙原定的凌迟处死鳌拜，已经不能实现了。后来经各大臣的建议，改为了终身监禁。一代骁将就这样戏剧性地败在一群少年手下。

当鳌拜在监狱中度过的第一个月，就是他一生经历的两起两落的最低谷。他天天在想为什么，越想越生气，越生气越想，最后于1669年被自己活活气死在监狱之中。

鳌拜被擒后，其党羽也被迅速控制起来。智擒鳌拜这一年，康熙刚满16岁。

从公平公正的角度来说，鳌拜在辅政期间，还是有不少功劳的，况且，他也没有篡位谋利，也没有贪污受贿，对于

清廷来说，他也是有功之人，康熙五十二年，当康熙已到晚年时，他仍然提到鳌拜："忆及数事，朕若不言，无敢言之人，非朕亦无知此事者……我朝从征效力大臣中，莫过于鳌拜巴图鲁者……鳌拜功劳显著，应给世职。"

这些话的背后透露着康熙对鳌拜一生功劳的肯定，也表现了他当时擒拿鳌拜的无奈，也正因为此，康熙才没有立即处死他。雍正帝登基后，"赐鳌拜祭葬，复一等公，世袭罔替"，并于雍正九年加封超武公。

就这样，康熙终于从真正意义上开始亲政了，虽然大权在握，但少年天子的他也知道，前面的路并不平坦。

第二章 锐意进取，平定三藩

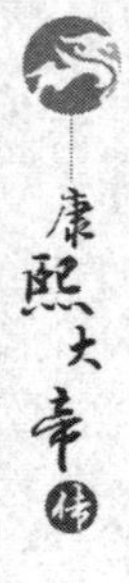

藩王——危机清廷的心腹大患

在铲除鳌拜及其党羽的势力后，清廷内部的异己势力才算基本上被肃清。16岁的康熙帝放眼四方，却发现天下却并未太平。台湾在郑成功之子郑经的统治下还未归化，屡次侵犯东南沿海；沙俄势力也在东北蠢蠢欲动；蒙古部落也不安稳，总有战乱的苗头，而问题最为严重的要数南方的三藩势力了。“三藩”，是指三个割据一方的汉族藩王，即云南平西王吴三桂、广东平南王尚可喜、福建靖南王耿精忠，他们位处边疆，但素有野心，为了安抚他们，朝廷每年要花费大量的粮草金钱。

清朝三藩的出现，要和清初的政治形势有关。

清军在进入山海关后，由于自身八旗兵兵力不足和中国地域的广大，只能利用投降的汉军和汉军将领，作为攻击李自成大顺军和南明的先锋。在投降的将领中，以吴三桂、耿仲明、尚可喜三人的功劳最大，被清廷封为王爵，他们所率的部队成为八旗军以外的重要力量。经过二十多年的战争，农民军最后失败投降，南明政权也因腐朽而垮台。鉴于三支部队的功劳，清廷决定让八旗主力在北方，而南方就由这三位将领镇守，这样，吴三桂驻守云南、尚可喜驻扎广东、耿精忠驻扎福建的三藩局面就形成了。

尚可喜原是广鹿岛副将。孔有德、耿仲明叛投后金后，引清军攻破旅顺，尚可喜全家殉国。后尚可喜因受上司排挤叛投后金。崇德元年，清封尚可喜为智顺王，顺治六年，改封平南王，率所部随大军下广东，遂留镇广东。

耿仲明先世为山东人，徙辽东盖州卫。明登州参将，与李九成、孔有德同为毛文龙旧部。毛文龙死后隶属登莱巡抚孙元化麾下，孙元化将李、孔、耿所部编练为登州新军，恩遇有加。崇祯四年（1631年）八月，祖大寿受困大凌河城内。孙元化急令孔有德以八百骑赶赴前线增援，孔有德抵达吴桥时，因遇大雨雪，部队给养不足，吴桥县拒绝为孔部提供给养，有一士兵强取士绅王象春家仆一鸡，孔有德畏惧王家势力，下令将该士兵“穿箭游营”，众士兵群情激愤，击杀该家仆。李九成因将孙元化交给他的公款赌博挥霍，无法交差，遂煽动孔有德发动叛乱。耿仲明打开登州城门迎接叛军，出卖了孙元化。崇祯六年（1633年），叛乱失败，李九成被击毙，耿仲明与孔有德一道叛投后金。崇德元年（1636年），清封耿仲明为怀顺王，顺治六年（1649年），改封靖南王，偕尚可喜进军广东，于途中因窝藏逃人畏罪自杀。其子继茂袭封，后移镇福建。康熙十年（1671年），继茂卒，其子耿精忠袭封。

而三藩中势力最强的要数吴三桂。吴三桂乃江苏高邮人，籍辽东山海卫。其父吴襄为崇祯时锦州总兵，三桂以武举随征，因战功及父荫，官都指挥。后吴襄坐失战机下狱，擢三桂为总兵，守宁远。崇祯十七年（1644年）三月初，李自成军破大同、真定，京师戒严。明崇祯帝封吴三桂为平西伯，飞檄率所部入卫京师，并起用吴襄提督京营。三桂令步骑先入关，亲率精锐殿后。十六日抵山海关，二十日到丰润，闻京师已陷，入卫兵皆溃，三桂引兵还顿山海关。李自成派降将唐通携银四万两犒三桂军，并胁吴襄作书招降。三桂率兵西至滦州，闻其爱妾陈圆圆为李自成军部将刘宗敏掠去，即回师山海关，秘密遣使上书睿亲王多尔衮，请清军入关讨李自成。

三藩为清廷平定南方立下了汗马功劳，他们在所镇守的省份权力甚大，可以辖制、影响当地地方官员，并可掌控自己的军队、掌握地方税赋等。

三藩拥有自己的军队，独立的财政，以及地方的实际统治权，其实已经“势成割据”。其中，平南、靖南二藩各有

兵力15佐领，绿营兵各六七千，丁口各2万；平西王所属兵力53佐领，绿营兵1.2万，丁口数万。

吴三桂自视功高盖世，兵强马壮，四方精兵猛将多归其部下，吴三桂甚至有权调迁别省官员来云贵任职的权力，在魏源的《圣武纪》中就有："其所除授号日西选，西选之官几满天下"。对此，朝廷不少刚正不阿的官员挺身而出、仗义执言，但吴三桂势力太大，朝廷为了安抚这些藩王，很多弹劾也就不了了之了。

此时，三藩势力几及全国之半。

但全国统一后，三藩却已成尾大不掉之势，拥有过大的兵权、财权和地方政治影响力，甚至，一定程度上可以与清廷分庭抗礼，成为了清王朝内部的极大不安定因素。

三藩官员的俸禄、军队的开支巨大，这给清政府的财政带来巨大的负担，尽管朝廷对他们采取安抚、优待的态度，比如，清政府就曾对吴三桂下令"户部不得稽迟""细则连章入告，既赢不复请稽核"，但藩王并未因此而收敛，反而变本加厉，以各种名目向朝廷要钱。早在顺治帝时，在户部的奏书里就有："国赋不足，民生困苦，皆由兵马日增之故，以致各省挽输，困苦至极。合计天下正赋，止八百七十五万余两，而云南一省需银九百余万，竭天下之正

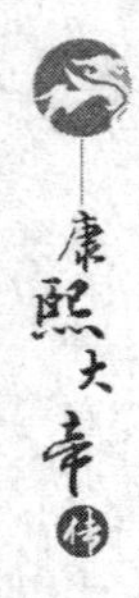

赋，不足供一省之用。”再加上福建、广东，朝廷每年要向三藩支付高达两千余万两饷银。

吴三桂自恃势重，益骄纵，踞明桂王五华山旧宫为藩府，增崇侈丽，尽据明黔国公沐氏旧庄七百顷为藩庄，圈占民田，迫令“照业主例纳租”，并“勒平民为余丁”“不从则诬指为逃人”。又借疏河修城，广征关市，榷盐井，开矿鼓铸，垄断其利，所铸钱，时称“西钱”。吴三桂专制云南十余年，日练兵马，利器械，暗存硝磺等禁物。通使达赖喇嘛，互市茶马，蒙古之马由西藏入云南每年数千匹。他遍布私人于水陆要冲，各省提镇多有心腹。部下将士多李自成、张献忠余部，勇健善斗。其子吴应熊为额驸，朝政巨细，可以旦夕密报。于是，吴三桂自以为根蒂日固不可拔，朝廷终究不会从他手中夺去云贵。

耿精忠袭封王爵后，纵令属下夺农商之业，“以税敛暴于闽”，纵使其部下“苛派夫役，勒索银米”。又广集宵小之徒，因谶纬有“天子分身火耳”之谣，妄称“火耳者，耿也。天下有故，据八闽以图进取，可以得志”。

尚可喜在广东令其部属私充盐商，又私市私税。广州为对外通商口岸，“每岁所获银两不下数百万”。尚可喜对清廷比较效忠，但年老多病，将兵事交其子之信。尚之信素性

桀骜，横暴日甚，招纳奸宄，布为爪牙，罔利恣行，官民怨恨。又酗酒嗜杀，常在其父面前持刃相拟，所为所行，日益不法。至此，三藩各据一方，互通声气，广布党羽，实际上已成为割据势力。

决定撤藩三藩

康熙帝决定撤藩。三藩势成割据，严重威胁着清朝的统治和国家的统一。早在清世祖死时，吴三桂拥兵北上入祭，兵马塞途，居民走避，清廷恐吴三桂生变，命其在城外张棚设奠，礼成即去。后来，朝中也有一些官员提出要限制三藩的实力，其中就有一个叫王熙的官员上疏指出："宇内甫平定，而三藩各拥重兵，吴三桂尤强，擅署置官吏，寖骄蹇，萌异志，子应熊以尚朱，居京师，多聚奸人，散多钱交通四方。"他向朝廷提出建议，裁剪三藩的军队数量以及他们的军饷，这样不但能削弱三藩的实力，也能充实国库。

其实，在康熙登基、四大臣辅政时，朝廷就开始准备一步步收回和削弱三藩的势力和权力了。比如，吴三桂手上有一枚"大将军印"，这是顺治帝授予给他远征云贵的，以此

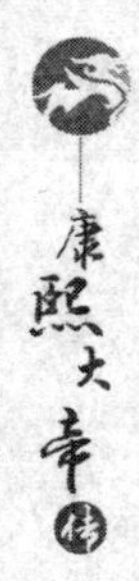

掌握征伐大权，但是吴三桂在平定了云贵后，这枚“大将军印”他却迟迟不肯上交，在四辅臣的反复促使下，吴三桂被迫将“大将军印”上交。

康熙五年，玄烨还未亲政，朝廷又将三藩的用人题补之权裁除去，而过去吴三桂对云贵、广东、福建的官吏任免权也收获。

康熙亲政后，一开始并没有命令宣布撤三藩，他采取软硬兼施、循序渐进的方法，一方面安抚三藩，另一方面派朝廷官员到云贵、广东、福建担任总督、巡抚等要职，对三藩的势力进行约束。而吴三桂等人则嗅到了清廷对自己的政策变动的气息，他最害怕的是朝廷“过河拆桥”“卸磨杀驴”，所以不断试探朝廷，不过他在自己的利益没有受到损害的情况下，他也适度妥协了一些，不过三藩和朝廷之间的矛盾早已不可调和，尤其是军权上，三藩始终不肯交出，这成了后来康熙撤三藩的最大原因。

怪在这紧要关头，一个突然的事件引发了朝廷一场撤藩还是不撤藩的大讨论。

康熙十二年（1673年），谋士金光对尚可喜提出建议，让他主动提出撤藩，进而让朝廷将爵位传给他的儿子尚之信，于是，他上疏称：“臣年七十，精力已衰，愿

归老辽东，有旧赐地亩房舍，乞仍赐给，臣量带两佐领军兵，并藩下闲丁孤寡老弱共四千三百九十四家，计男妇二万四千三百七十五名，其归途夫役口粮，请敕部拨给。”尚可喜这一番言辞着实让康熙很高兴，他认为这是解决三藩问题的最好时机。随即，他拿出纸笔进行批复，同意了他的请求，顺便下令尚可喜率诸子、家人以及手下的一些官兵迁至辽东海域，然后派御前侍卫亲自到广东尚可喜家宣读自己的谕旨，并且还赐给尚可喜一家诸多物品，比如貂皮帽、天马裘、四团龙挂腰带等，以此表示对尚可喜父子的宽慰。

很明显，尚可喜上疏的本意并不在此，他是想退位让贤，自己退休养老，让自己的儿子接替自己继续做一方霸主，但他没想到康熙帝会如此处理，但即使内心不平，也已经无可奈何，且尚可喜退休和康熙撤藩的消息马上传遍了朝廷内外。

很快，耿精忠知道后，也主动上疏撤藩。但是吴三桂很犹豫，他所管辖的云贵是朝廷的边防，也是一条防护线，自己也曾对朝廷有功，朝廷未必敢于动他，如果也上疏自请撤藩，或许可以消除朝廷的疑虑。

不过，这不是吴三桂的真实想法，他希望能和明朝的沐氏一样“踞滇中”，平定云贵之初，洪承畴也向清廷建议：

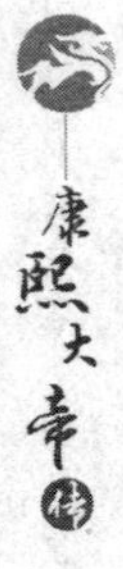

“岩疆难靖，援明黔国公沐英世镇例，请（吴三桂）移藩久镇”，并获得清廷准许。也就是说，吴三桂虽然拥兵自重，但却未想过谋反，他只想守着云南，安享晚年。他的谋士刘玄初曾劝他说：“上思调王，特难启口，王疏朝上而夕调矣。彼二王辞者自辞，王永镇云南，胡为效之耶！不可。”而吴三桂听了，却摆摆手说：“予疏即上，上必不敢调予，具疏所以释其疑也。”

于是，这年七月，吴三桂和尚可喜以及耿精忠一样，也向朝廷上了一道奏疏，其中说道：“臣驻镇滇省，臣下官兵家口，于康熙元年迁移，至康熙三年迁完。虽家口到滇九岁，而臣身在岩疆，已十六年，念臣世受天恩，捐糜难保，惟期尽瘁藩篱，安敢遽请息肩。今闻平南王尚可喜有陈情之疏，已蒙恩鉴，准撤全藩，仰恃鸿慈，冒干天听，请撤安插。”

吴三桂一直认为康熙会挽留他，但他错了，康熙认为这就是撤藩的最好时机，在看完吴三桂的折子后，康熙马上将大臣们召集起来商议此事，大臣们认为吴三桂此举不过是在试探朝廷，一旦批复同意，吴三桂势必会造反，有户部尚书米思翰、刑部尚书莫洛主撤，明珠赞同。康熙权衡再三，坚持说：“三桂等蓄谋久，不早除之，将养痈成患。今日撤亦反，不撤亦反，不若先发”。

于是，康熙下令撤藩，让吴三桂在限期内搬到山海关外，随后，清廷命朝廷官员等赴云南、广东、福建，会同该藩及督抚商榷移藩兵事宜。随后，清廷以陕西总督鄂善调任云南总督，宁夏总兵官桑额为云南提督。很快，三藩割据一方的形势将会迅速失去，而康熙的这一决定使三藩的利益受到了极大的损害，这也促使吴三桂加紧密谋。

本来吴三桂、耿精忠上疏请求撤藩，只是形势所逼，心存侥幸，并非其本意，所以朝廷决定撤藩，完全是出乎他们的意料。正在朝廷为迁藩进行着周密的安排和计划时，大失所望的吴三桂也开始暗中紧锣密鼓地部署兵马了，他封锁云贵道路，只许入而不许出，并积极勾结他省的旧部，又与耿精忠相互联络，准备起兵。

吴三桂起兵

从某种程度上来说，康熙假借三藩上疏请求撤藩的借口下令撤藩，其实存在着武断的成分。在康熙看来，撤藩是你们自己提出的，只要撤藩令一下，你们就必须要拱手相让，

更不会叛乱。康熙太过自信，以至于当他知道吴三桂起兵时，还未有丝毫准备。再看吴三桂，一方面和朝廷的官员虚与委蛇，蒙蔽朝廷，另一方面又积极准备、招兵买马、联络旧部，准备起兵。

清廷下令撤藩的决定彻底击碎了吴三桂“世镇云南”的幻想。在撤藩令下来以后，吴三桂第一时间暗中指使其党羽向撤藩使者请愿，要求朝廷撤销这一决定，在被否定后，他又找各种借口拖延执行时间，与其心腹密谋叛乱。

吴三桂认为，云南虽然偏居一隅，但自己已经镇守云南十几年，早已雄霸一方、兵力十足，并且，他的旧部和党羽遍布各省，比如，云南的十镇大帅、贵州提督李本深、四川总兵吴之茂、陕西提督王辅臣等，只要自己拉起起兵大旗，这些人势必会一呼百应，而清廷的开国老将早已垂垂老矣，康熙帝不过是个乳臭未干的黄毛小子，根本不足为虑，自己的儿子吴应熊在北京，但其是额驸，况且自己兵强马壮，“朝廷必不杀，以为之招”。

他还指使其党羽以“九天紫府刘真人”的名义吹捧自己是“中国真主”，为反叛大造舆论。

在经过一阵短暂的准备后，康熙十二年（1673年）十一月底，吴三桂铤而走险，杀巡抚朱国治，自号“周王天下都

招讨兵马大元帅”，令部下“蓄发，易衣冠”，起兵云南。

吴三桂在“矢忠新朝”三十年后，又扯起了“复明”的旗号。反叛之前，率部下祭扫桂王陵墓，“恸哭，伏地不能起”，对部下大加煽动。反叛之后，发布檄文，指责清朝“窃我先朝神器，变我中国冠裳”，并声称要“共举大明之文物，悉还中夏之乾坤”。

吴三桂起兵初期，叛军乘锐连下贵州全省、湖南的衡州。与此同时，靖南王耿精忠、平南王尚之信和吴三桂在各地的党羽纷纷响应，比如四川之郑蛟麟、谭弘、吴之茂，广西之罗森、孙延龄，陕西之王辅臣，河北之蔡禄等也先后揭起叛旗，以此对抗清朝。所以，在三藩之乱初，吴三桂势力几乎就占据了半壁江山。相比于靖难之役中的燕王朱棣，吴三桂可谓迎来了梦幻般的开局。

在吴三桂看来，自己的军队战斗力远胜于清廷的八旗军，他举起反清大旗，更可以争取广大汉族人民的支持，而年轻的康熙绝非自己的对手，认为自己是胜券在握了。

吴三桂起兵，貌似顺利，其实隐藏着巨大的隐患。

第一，吴三桂反清的理由不充分。

吴三桂打着“反清复明”的口号反叛清朝，这一点根本站不住脚，吴三桂的“历史”天下人都明白：其一，明朝

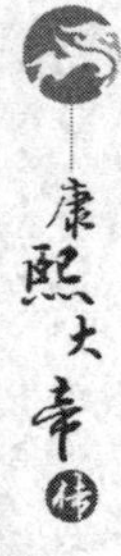

末年，是吴三桂打开山海关为清兵做了马前卒，把他们放进来的；其二，南明的永历帝，是吴三桂追到缅甸去把他杀死的。吴三桂“叛徒”打着“反清复明”的口号，无非是让更多人耻笑，即便是那些反清复明的仁人志士，也不耻与他合作。

第二，响应吴三桂的藩镇虽多，但真正能与之同心协力的很少。

在吴三桂起兵时，虽然有很多藩镇响应，但是却并不听他的号令，每一个造反的藩镇，所考虑的都是自己的利益，而且是眼前的、一时的利益，而不是长远的、全局的利益，吴三桂对他们发号命令，他们根本不听，也不执行，最典型的就是甘肃的王辅臣，虽然他是从吴三桂身边走出去的，吴三桂也在极力拉拢他，请他出任总管大将军，但他其实并不听吴三桂节制。

另外，藩镇们在吴三桂和清朝之间摇摆不定，瞻前顾后。其中，曾经多次反复的包括耿精忠、尚之信、王辅臣、孙延龄等。可以说，除了吴三桂，以及老牌抗清将领郑经（郑成功的儿子），基本上都是在反叛和投降清朝之间摇摆，造成叛军队伍混乱不堪。由此可见，叛军队伍虽然强大，但真正拼尽全力战斗的却很少。

最重要的是吴三桂和其他造反藩镇之间为了自身利益，矛盾太多，大大消耗了自身力量。比如镇守广西的孙延龄，先受吴三桂的拉拢，举起反清大旗。但是在清朝的招抚下，又投降清朝。后来，吴三桂的孙子吴世琮击杀孙延龄。孙延龄的部众又和吴世琮发生矛盾，攻击吴三桂军队，后来还成为吴三桂后方的心腹大患。可以说，内部消耗是造成吴三桂起兵失败的重要原因。

第三，吴三桂在战略上出现巨大的失误。

吴三桂在湖南战场之后，犯了一个致命性的错误，这让清廷赢得了足够的时间来部署和调兵遣将，吴三桂认为凭借长江之险，能和清廷分庭抗礼，最后实现就算打不败清军，也划江而治的目的，毕竟，割据南方一直是他以来的梦想。所以，他没有听从部下的建议，进行北上或者南下，或是出巴蜀、据汉中，而是分兵湖南、江西、湖北、逐地争夺一些价值不高的城镇，造成战机贻误。

但是，我们看历史上，从来没有一个政权，可以依靠长江，守住南方防线的。必须要深入中原腹地，才可以取得胜利。但是年迈的吴三桂失去进取心，不敢深入中原，因而失去进攻的好机会。

第四，清军采取各个击破的策略镇压叛军。

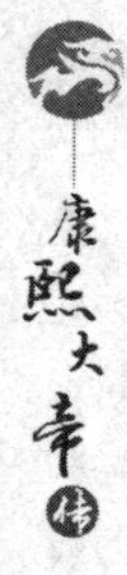

各路藩镇跟着吴三桂起兵，清军采取的是以招抚为主的策略，康熙下令，只要他们投降，可以既往不咎，还可以对他们加官进爵，但是对起兵头目吴三桂，清廷则坚决打击。另外，吴三桂与个别藩镇之间本身就有矛盾，导致了他被孤立起来。

第五，吴三桂最后阶段称帝，让他彻底失去百姓和其他势力的支持。

吴三桂是打的“反清复明”的旗号造反的，表面上看，他尊奉所谓的朱三太子，实际上，任何一个明朝皇室后裔他都没有遵奉，但这还能勉强说得过去，但是最后阶段，他竟然称帝，这就更站不住脚了，这样一来，他便失去了两方面的支持。一是普通老百姓的支持，二是各反叛藩镇的支持。失去这些支持，谁还愿意跟随他打仗？

可以说，在清朝分化瓦解及吴三桂自己作死的双重作用下，吴三桂走向了灭亡的边沿。

王辅臣投降

当吴三桂叛军打到湖南时，决定吴三桂和清廷战局成败

的关键点在于王辅臣这个人，他成为清廷和吴三桂都竭力争取的对象。

王辅臣，本姓李，号“马鹞子”，山西大同人。明末清初地方割据军阀。王辅臣早年参加农民军，喜欢赌博，一掷千金，后投靠大同镇总兵官姜瓖，成为大同部将王进朝的义子，改为王姓，跟随姜瓖起兵反清，兵败投降英亲王阿济格，免于刑诛，没入辛者库为奴隶。顺治七年（1650年），多尔衮去世后，顺治帝正式亲政，爱惜王辅臣的才干，任命他为御前一等侍卫，委以重任。

顺治十年（1653年），顺治帝命令洪承畴出征西南，并叫王辅臣随军出征，当洪承畴的贴身侍卫，当时去洪承畴军中的有两位御前侍卫，一个是张大元，另一个是王辅臣。张大元自恃是大内派出的，所以不把洪承畴放在眼里，而王辅臣则尽心侍候洪承畴，让洪承畴很满意，战争结束后就保举王辅臣做了总兵官。

当时，平西王吴三桂极力笼络著名武将，王辅臣当然在他的视野之中，吴三桂请示了顺治帝后，授给王辅臣援剿右镇总兵官，隶属于自己的部下。

顺治十八年（1661年），王辅臣跟随吴三桂入缅甸，擒获南明皇帝朱由榔，吴三桂对王辅臣像子侄那样重视。

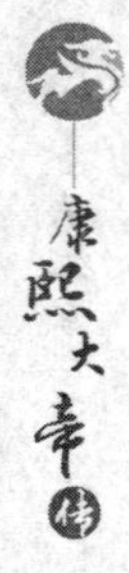

不久，朝廷下旨将王辅臣调离云南，担任平凉提督。吴三桂怅然若失，临行前，吴三桂送了一程又一程，拉着他的手流出眼泪：“我知道你从不吃空饷，可是你家人口多，云南到平凉万里迢迢，何堪路途艰苦？”拿出白银二万两，送他以为川资。

王辅臣到京城陛见，康熙帝亲自让钦天监给王辅臣选日子，还让他一起过了上元节后再走，康熙把一把豹尾枪赠给王辅臣，说：“这把枪是先帝世祖章皇帝留下来的，一共是两只，朕每次出猎都一定把他们悬挂于马前，现在你远去平凉代表朝廷镇守边镇，为了宣扬你的威名和表示朕对你的信任，把这把枪送给你，朕是先帝的儿子，你是先帝的臣子，其他的物品不足以表示珍贵，唯有这把枪可以让你经常想到先帝对你的托付和朕对你期望。”王辅臣伏地谢恩称：“臣怎么敢不尽忠贞之节、竭犬马之力，粉身碎骨报答陛下的大恩。”哭拜而出。

陕西地理位置十分重要，吴三桂认为，只要王辅臣从平凉起兵，控制西北易如反掌，而自己在湖南，耿精忠在东南，这就能从各个方向影响清廷，让清军无暇应付，进而控制整个战局，因此，吴三桂尽力拉拢王辅臣，且开出了诱人的条件，而王辅臣有自己的想法，他明白，吴三桂和康熙是无法相提并论的，为康熙效命，自己就是朝廷命官，前途光明，而吴三桂是叛贼，跟着他只会身首异处，于是，他命义子王吉贞将吴三桂的信使押往京师，让朝廷发落。

看到王辅臣的举动，康熙很高兴，更加信任王辅臣了，但是他没想到的是，王辅臣的这些举动，引起了同僚张勇的嫉恨。一开始，康熙同时起用王辅臣还有张勇统领陕西的事务，而王辅臣为表忠心，避开了张勇将招降书送给了康熙，康熙大喜过望，封王辅臣的儿子王吉贞为太仆卿。而实际上，论军功，张勇的军功在王辅臣之上，而现在王辅臣如此被康熙重用，自己受冷落，心中自然不快。

与此同时，四川提督郑蛟麟在成都响应了吴三桂的叛乱，叛乱危及陕西。康熙遣重臣莫洛出京担任大学士管理经略事宜，莫洛是原来的鳌拜一党，康熙赋予他全权调动山西和陕西的兵马，王辅臣之前和莫洛有过节，而莫洛和张勇关系又好，莫洛一开始对王辅臣就很不友好，处处掣肘。

康熙十三年（1674年）十二月，因为粮饷马匹分配不公，王辅臣的副将邵苓芝怨气冲天，领兵冲击八旗军营，仓促中莫洛咽喉中箭身亡。而《八旗通志·莫洛传》的记载是，王辅臣亲自鼓噪上阵，攻击莫洛军营。萧一山的《清代通史》也沿用这种说法。

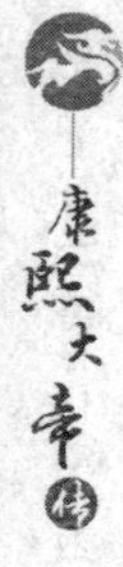

莫洛死后，其部为王辅臣所并，王辅臣旋派使持书往见吴三桂，表示愿随反清，接着引兵北返，至沔县，闻洞鄂率满营骑兵至，巩势孤难敌，便与总兵蔡元、副将白光勇等率部进入陇右，洞鄂闻莫洛死，不知其详，亦不敢战，率部北返西安。

王辅臣兵变给康熙很大的震动，这样，原来的部署全部被打乱了，且王辅臣一旦和吴三桂联手，将会对整个局势产生严峻的影响，甚至威胁清廷。为此，康熙做了充分准备，先是派王辅臣之子王吉贞进行招安，希望王辅臣能幡然醒悟，并表示对他既往不咎，王辅臣看到康熙的招降书后，又担心康熙秋后算账，于是在回复中要求朝廷派使臣重申保证其无罪。

康熙看出来王辅臣是有意拖延时间，他一面派了定西大将军贝勒董额和陕西总督哈占据守近郊，一面派人继续到王辅臣处招安，并再次宣他无罪。果然，王辅臣看见吴三桂进展迅速，已经被吴三桂当下的形势迷惑了，两股势力很快集结，导致西北局势恶化。清廷经过艰难的战斗才勉强将局势扭转，但前线指挥不力，导致平凉整整打了一年都未能攻下，后来，康熙起用了经验丰富的图海为抚远大将军。

图海，马佳氏，字麟洲，世居绥芬河（今黑龙江省东宁

市）人，隶满洲正黄旗。清朝初期名将。

图海天资忠悫，性情敦笃。顺治二年（1645年），起家笔帖式，迁国史院侍读。顺治八年（1651年），擢内秘书院学士，迁弘文院大学士、议政大臣。顺治十二年（1655年），加太子太保、刑部尚书，因事夺官。康熙帝即位，起为正黄旗满洲都统。康熙六年（1667年），拜为弘文院大学士，加一等轻车都尉世职，充《世祖实录》总裁官。康熙九年（1670年），改中和殿大学士、礼部尚书。康熙十三年（1674年），随信郡王鄂札平定察哈尔叛乱。

康熙十五年三月，图海抵达平凉，“明赏罚，申约束，军威大震，贼众闻之惧”。诸将请乘势攻城，图海说：“仁义之师，先招降然后才攻打。我凭借皇上的天威，讨伐这些凶残的逆贼，不用担心无法攻克。顾念到城中数十万生灵，他们没有一个不是朝廷的赤子，如今惨遭叛贼劫掠到这种地步，覆巢之下，杀戮一定很多。等待他们主动投降归诚，用来体现圣主好生之德，不是更加美化吗？”城中军民听说后，莫不感泣，多有自相出城者，因此人心动摇，叛军的形势江河日下。图海在未开战之前，先用感化人心之术，效果是十分明显的。

为了打下平凉，图海与总兵官孙思克等对虎山墩进行

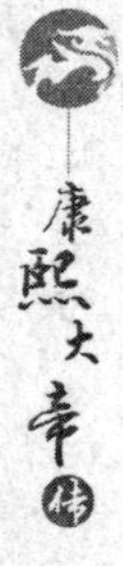

了巡视。虎山墩位于平凉城北，高数十仞，是通往西北的饷道。图海看了后说："此地是平凉的咽喉，得到这个饷道，那么此城可以不攻而下。"正在巡视中，有王辅臣兵万余突来迎战，布列火器挨排。图海立即指挥军队分路还击，自巳至午，越战越勇，叛军被杀及坠崖而死者无数，清军遂夺虎山墩，平凉全城尽在俯视之下。接着，图海下令炮击城中王辅臣军营，军民皆汹惧。六月初一，图海军据虎山墩断平凉饷道，并派参议道周昌进城招抚王辅臣。

周昌即周培公，荆门诸生，善用奇计。因辅佐振武将军吴丹有功，以七品官录用。图海军至潼关时，周昌求见，献招抚王辅臣之策，图海遂把他收为幕僚。王辅臣的总兵官黄九畴、布政使龚荣遇都是周昌的老乡，他们屡次劝说王辅臣投降，并以蜡丸密报周昌。周昌遂将此事报给图海，图海决定招降王辅臣。

王辅臣此时已穷蹙无计，只好派其副将谢天恩随周昌出城乞降。图海立即上奏康熙，康熙命颁布赦令，抚慰之。

初六日，图海复令周昌入城宣诏。次日，王辅臣派布政使龚荣遇等率士民至清军大营，献上军民册。又派其子王继桢及总兵蔡元等，上交吴三桂所颁给的敕书和印札。图海见王辅臣并未亲自出降，知其仍心怀疑惧，便于十三日又派

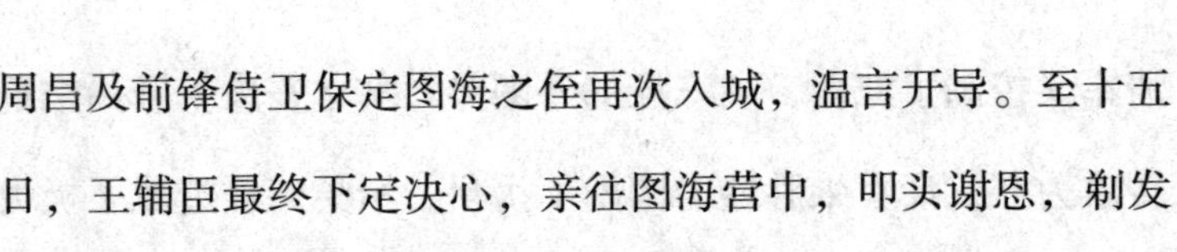

周昌及前锋侍卫保定图海之侄再次入城，温言开导。至十五日，王辅臣最终下定决心，亲往图海营中，叩头谢恩，剃发归降。当然后来，王辅臣自知错的太多而选择了自杀。

到此，各路叛军要么投诚，要么被消灭，尤其是耿精忠和尚之信问题的解决，让形势朝有利于清廷的方向发展，就剩下吴三桂最后一股势力还负隅顽抗。

吴三桂败亡，三藩终平

在各路势力投降或被消灭后，吴三桂失去了陕西、广东和福建的相应，陷入“孤家寡人”的境地，但好在他在起兵前就做足了准备，这种情境下还能和清军继续抵抗。两军在湖南围绕岳州、长沙反复争夺，各有胜负。期间，清军在兵力和供养补给方面略胜于吴军，但统帅指挥不力、畏敌不前，这是相持局面形成的重要原因。

后来，康熙派屡立战功的穆占进军衡州，以“退贼后路”和“宽缓”广东，穆占所率领的清军迅速占领茶陵、仁安等很多地方。

康熙十七年初，清军又收复了湖南一部分地区，接着，

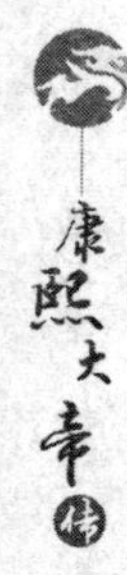

清军又控制了江西，吴三桂的外围势力基本丧失，开始被迫转攻为守，清军乘胜追击围困了岳州，给吴三桂造成了极大压力。

此时，吴军粮饷不济、士气低迷，吴三桂担心会病变，为了鼓舞士气，他想到了称帝。

康熙十七年（1678年），吴三桂在衡州（今衡阳市）登基为皇帝，国号大周，建都衡阳。

然后加封文武百官，加郭壮图为大学士，命守云南。设云南五军府、兵马司。设六曹六部，命以各官。晋升吴应麒、胡国柱、马宝、吴国贵、吴世琮等为大将军。封王屏藩为东宁侯，赐上方剑。其余官员均按等次晋爵。此外，还建立了内廷机构，设有各有专职的太监。同时，吴三桂命人造新历，制钱币，曰“昭武通宝”。还在云南、贵州、四川、湖南举行乡试，以给人政权稳定的印象。当年八月，“云南乡试中式伪举人七十二名”。对于三桂的称帝，时人有记载评论。当日有人据“昭武”二字测吉凶。曰：昭武的“昭”字为斜日，斜日为过午之日，有不久之意。“召”为刀口，刀口乃不祥之意。

康熙十七年（1678年）六月初，吴三桂在都城衡州（今衡阳市）亲点大将马宝，并授计率5万大军南下，攻击兵家

必争之地永兴，两战两胜，大创清军，一战击毙都统宜里布、护军统领哈克三，夺据清军河外营地（永兴依耒水而立，此水上接衡州，下通广东）；另一战大败前锋统领硕岱、副都统托岱、宜思孝所率援军，营垒被冲垮，河南岸失陷，清军被迫退回广东，给清军和康熙以严重的军事打击。

但就在这个时候，吴军突然退兵，原来，就在吴军猛攻永兴的时候，衡州却发生了一件大事。

六月中旬，张皇后驾崩，吴三桂精神受挫。再加上在与清廷欸到战斗中，吴三桂日夜忧虑，身体越来越差，并且旧疾复发，终于在康熙十七年（1678年）八月十七日，67岁的吴三桂病逝。

二十二日，吴三桂的侄、婿与心腹将领马宝、胡国柱、夏国相齐聚衡州，公推吴国贵总理军务，派胡国柱回云南，迎吴世璠前来衡州奔丧。胡国柱到达云南，向留守的郭壮图传达众将的意见，准备护送吴世璠去衡州（今衡阳）继位。郭壮图有一女儿嫁给吴世璠，为保势力，力阻吴世璠离开云南，去衡州继位。九月，吴国贵召集并主持诸将会议，讨论今后的方针大计。吴国贵虽颇有眼光、有胆有识，但诸将欲保云南家小财物，此议没经慎重讨论，便被否决了。十一月，胡国柱等用棉裹吴三桂遗体，秘密载经宝庆入贵州，

大将军马宝留守衡州（今衡阳）。吴世璠迎至贵阳，并即帝位。

吴三桂一死，叛军群龙无首，像一盘散沙，康熙命将军察尼水陆并进，攻取岳州。康熙十八年（1679年）正月，岳州、衡州等地相继被清军拿下，湖南全境基本平定，同时，西边战场上，清军也逐个攻占了汉中、兴安、成都、保宁、重庆等地。

三月下旬，新升云贵总督赵良栋向康熙帝提出自湖南、广西、四川三路合击，进取云贵的方案，康熙帝采纳了这一建议，令贝勒彰泰代岳乐为定远平寇大将军负责东路，从湖南；令喇布负责南路，从广西；令将军吴丹、赵良栋等负责北路，从四川；共向云贵进军。

南、东两路清军迟迟未进去，吴军主力马宝、胡国柱、夏国相等部集中兵力攻打四川，他们的目的是各个击破，泸州、叙州、永州等地先后为吴军攻占。但吴军主力进入四川、云贵方面防守力量就不足了，防守力量削弱，康熙帝发现此时是最好的战机，于是，于九月初严令南、东两路迅速进军。

康熙二十年正月，新任征南大将军赖塔，率军从广西出发，在石门坎、黄草坝连败吴军，进至曲靖，彰泰亦由湖

南急进，至曲靖与赖塔会合。随后分成几路进攻，二月下旬包围昆明。四川吴军奉命回救，赵良栋等乘势追击，大败吴军，于九月进抵昆明。刚开始，三路大军以彰泰为主帅，但此人指挥能力不足，久攻不下，康熙帝知道前线战况后极为不满。赵良栋于是主动指挥绿营兵，将城内外的一切联系切断，从十八日开始强攻，二十八日吴世藩被迫自杀，第二天叛军出城投降，就这样，历时八年的三藩之乱，终于被平定。

清廷在平叛战争结束后，没收藩产入官充当军饷，撤藩回京师。除吴三桂部调往边区站、台服役外，其余各部重新编入八旗。福州、广州、荆州派八旗兵驻防，广西、云南派绿营兵镇守，彻底消除了藩镇制。此外，这次平叛战争的胜利，意味着受“三藩”割据之害的人民的解放，给这些地区的社会经济的恢复和发展提供了必要的条件，从而有利于边疆和内地经济、文化的交流。以后出现的“康乾盛世”更是建立在此基础上的。并且，经过这场旷日持久的战争，年轻的康熙帝经受住了严峻的考验，逐渐成长为一个深谋远虑的成熟政治家。

第三章 剿抚并行，收复台湾

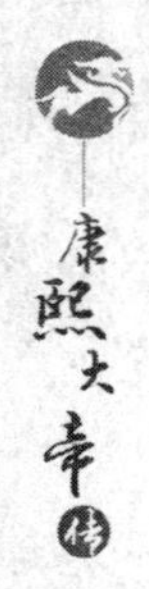

分化瓦解郑氏力量

康熙亲政以来，有三件大事在他的脑海内是必须要完成的——除鳌拜、撤三藩、收复台湾。和前面两件事相比，很明显，收复台湾更有挑战性，因为清军主要是八旗子弟、不善水性，对于他们来说，要越过几百里的海峡攻打下郑氏长期据守的台湾是有很大难度的。

台湾岛是中国的第一大岛，位于中国大陆东南海域，东临太平洋，西隔台湾海峡与福建省相望，南界巴士海峡与菲律宾群岛相对。台湾包含中国第一大岛台湾岛和周围属岛以及澎湖列岛两大岛群，共80余个岛屿所组成，总面积3.6万平方公里。

台湾自古以来与内地有着密切的联系。远古时代台湾与大陆相连，约几百万年前由于地壳运动，部分陆地下沉，海水进入，形成台湾海峡，台湾岛才与大陆分离。三国时期，吴王孙权派将军卫温、诸葛直率一支由一万余名军士、三十多艘船组成的船队到达夷洲（今台湾），是中国大陆居民利用先进的文化知识开发台湾的开始。

宋元时期，汉族人民在澎湖已有相当数量。汉人开拓澎湖后开始向台湾发展，带去先进的生产技术。12世纪中叶南宋将澎湖划归福建路晋江县（今福建晋江）管辖，并派兵戍守。大陆和台湾的联系日渐频繁。

元朝进一步加强对台湾的管理。元世祖曾派员到台湾宣抚，并在澎湖设澎湖巡检司，隶属福建泉州路同安县（今福建厦门），虽然没有直接将台湾岛并入其内，却是中国中央政府对台湾地区的首次官署设置。

明朝初期仍设澎湖巡检司，直至1387年因实施海禁而废除，并把居民迁到漳州、泉州一带。1563年考量沿海治安等因素，复设澎湖巡检司。

明朝以后大陆与台湾的人民往来不绝。永乐年间郑和率船队曾在台湾停留。17世纪20年代的明朝末叶大陆居民开始大规模移居台湾，给台湾社会经济和文化的发展以极大推动。其时福建人颜思齐、郑芝龙为抗拒官府欺压率闽粤居民迁居台湾，一面从事农耕、贸易，另一面组织武装力量抗御倭寇和荷兰人。1628年闽南大旱，百姓无以为生，郑芝龙组织灾民数万到台湾垦荒定居，各地逐渐形成许多村落。台湾自此进入大规模开发时期。

1624年属于荷兰东印度公司的荷兰殖民者为建立与中

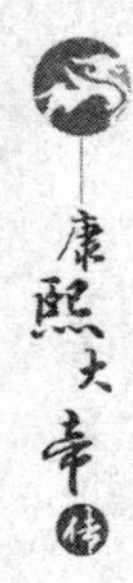

国、日本贸易的据点侵入南台湾。1626年至1642年西班牙殖民者也曾侵占北台湾，后被荷兰人驱逐。

1652年郭怀一领导了最大规模的一次武装起义，虽最终被镇压，但表明荷兰殖民统治已出现危机。九年后他们配合民族英雄郑成功驱逐荷兰人，收复了台湾。

郑成功收复台湾之时，清朝基本上已经奠定了在台湾的统治地位。但即便如此，全国各地仍然有此起彼伏的抗清势力出现，其中包括南明的抗清斗争，还有农民军余部。郑成功也是明朝遗民，他也一直在东南沿海一带与清军周旋，战事不断，清廷也为此苦恼。不过，值得赞扬的是，郑成功一直强调："台湾者，早为中国人所经营，中国之土地也。"

康熙元年（1662年），郑成功去世，其弟郑世袭与其子郑经为争夺王位而火并，清廷趁机招降镇守厦门的郑经，郑经交出了玉印。第二年五月，郑经杀死了郑世袭，台湾内乱平息，郑经向清廷请求，希望能按照琉球的藩国形式经营台湾，表示永不登陆，不剃发，不改汉族衣冠，否则，决不投降。

康熙六年（1667年），朝廷派出总兵孔元章两度赴台议抚，答应如郑经归顺，可封"八闽王"。却遭郑经以"非属（中国）版图之中"，以及"先王之志不可坠"为辞拒绝。

显然他数典忘祖，他父亲郑成功当年收复台湾时曾在给荷兰殖民统治者揆一的声明中义正词严地指出："台湾者，早为中国人所经营，中国之领土也！"

在康熙亲政前的一段时间，清朝与郑氏之间一直处于胶着的状态，双方虽然会经常发生一些军事摩擦，但都没有对彼此造成致命性损伤，这是因为，从郑氏方面看，他们势力相对弱小，还不足以威胁到清廷，而从清廷当局来看，大陆各地南明势力依然存在、农民起义也偶有发生，清廷暂时无法集中精力解决台湾问题，况且清军不擅水上作战，茫茫大海成了保护郑氏方面的一个天然屏障。

不过台湾问题始终要解决，既然武力解决不了，那么，就采用招降和和谈的方式。

于是，康熙八年（1669年）八月，刚刚亲政的康熙就派出刑部尚书明珠为钦差大臣，奉旨赴福建主持和议，并派知府慕天颜入台宣抚。此次，康熙作出重大让步："允许郑氏封藩，世守台湾。"又因郑经故意"苟能照朝鲜事例，不削发……"致使和谈失败。

于是，朝廷就将目标转移到中下层将士身上，通过招抚，分化瓦解郑氏的力量。尤其是郑成功去世后，郑氏内部接连发生争权夺利的内部斗争。

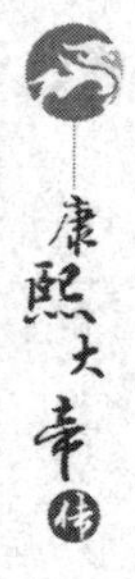

首先是郑氏家族中郑经与其伯父郑泰之间的矛盾。郑泰是家族中的长辈，且长期掌管家族中的财政大权，又率部留守金夏，比郑经势力更盛，遭到郑经的妒忌。

而在郑氏大权的问题上，郑成功逝世后，台诸将举郑成功之弟郑世袭护理国事，而黄昭、萧拱宸等人又以郑经“乱伦”，不堪作为台湾之主，郑泰拥护的就是郑世袭，并和郑世袭的骨干黄昭有过密切的往来。

郑经在知晓这些后，在思明继位发丧，以陈永华为谘议参军、周全斌为五军都督、冯锡范为侍卫，整师准备渡台。在渡台后发现了郑泰和黄昭的来往信件，对郑泰起了杀心。于是，康熙三年（1664年）的六月七日，郑经设计诱郑泰到自己的帐中饮酒，将其勒死，然后派兵抄了他全家。

郑泰的弟弟郑鸣骏及其儿子郑缵绪走投无路，便集结了手下四百余人、兵马一万余，船三百艘来到泉州港，表达了对清朝的归顺。此时的康熙还处于四大臣辅政时期，朝廷认为此事就是收复台湾的最好时机，经过朝廷内部一致商议决定，派海澄公黄梧、福建总督李率泰、提督马得功分别从海澄、同安、泉州三路攻打郑氏盘踞的金厦。

十月十九日，马得功所部与郑军在金门乌纱港大战，清军因不善水性而大败，马得功投海自尽，但黄梧、李率泰两

路人马则成功打败了郑军，守护高崎的郑军投降。郑经退守铜山，清军收复了金厦。随后，李率泰到处招降，并开出优厚条件，郑军军心涣散，但此时的郑经依然不投降。

招降郑经的部下让清军看到了希望，于是，清廷从兵部、户部各派两名官员长期在福建、广东、浙江、江苏四省诱降郑军中下级军官，条件是：不问真伪，凡是海上武官率众投降按原官衔继续当官，单个人投降的，降四级续用，有立功者降二级续用，同时，武官也可以改为文官。

这一招降的条件实在太优厚了，郑军上下人心浮动，大家争相投降，已无心再战。其中，郑经将领林顺在他的好友施琅的鼓动下投诚，并且，带领文武官员3985人一起投到清军麾下。还有周全斌、皇廷二人，他们原是郑经退回台湾后留在铜山断后的，但他们不想远离家乡，所以也选择了投降。

康熙十二年（1673年），三藩之乱爆发，已经退居台湾的郑经发现有机可乘，于是，他派船队集结于澎湖，准备兵变。第二年三月，耿精忠叛变，在他的邀请下，郑经开始攻打厦门。当时，清军的主力在与吴三桂的战场上，耿精忠又在攻打江浙，郑经趁机占领了闽海、粤东沿海部分地区，包括漳州、泉州、汀州、兴化、邵武等地和潮州、惠州、广

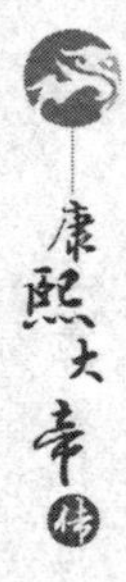

州的一部分州县。其实，郑经的本意并不是和三藩合作，而是想借此机会拿回自己从前在闽粤的据地，而这两个地方，原来在耿精忠和尚之信的控制之下，且他们的矛盾也在逐渐激化。

面对此种情况，康熙并没有兼顾两个战场，而是将主力放到了对付三藩上，对于郑经，他采取的是暂时搁置的策略。康熙十五年（1676年）十月，康亲王杰书亲率大军从浙江出发攻打福建，此时的耿精忠被南面的郑经牵制，无法抵抗，被迫向清朝投诚，并且当了马前卒，转而矛头对准了郑经，如此，郑经开始遭到双面势力的攻击。

两月后，郑经在邵武、乌龙江战场失败，广东全省丢失，他不得不缩短战线，退到汀州，第二年春，兴化、漳州、泉州也被清军拿下，此时的郑军不得不退守到厦门、金门岛屿。

此事，清军和吴三桂的队伍之间打得正如火如荼，清军无暇顾及台湾，康熙决定趁势劝降，于是，他派杰书前往厦门招抚郑经，希望郑经能在败北的情况下与清廷坐下来和谈，但郑经坚持自己的谈判条件——不剃发、不上岸。

康熙十六年（1677年），朝廷再次作出重大让步。只要郑经归顺，答应郑氏在闽粤沿海“拥兵东归，世守边土”，

可以考虑对郑氏按朝鲜事例处理。郑经又提出“资以粮饷”等苛刻条件，致使和谈破裂。

康熙郑重承诺：“若郑经留恋台湾，不思抛弃，亦可任从其便。至于比朝鲜不剃发，愿进贡投诚之说，不便允从。朝鲜系从未所有之外国，郑经乃中国之人。”据此可见，凡此种种，康熙皆以最大诚意招抚，而郑经则每每借口托词，其实质正是“请照琉球、高丽外国之例”，即“台独”。这也正是康熙皇帝、清朝政府和全体中国人民断然不能答应的。康熙皇帝的底线——不允许台湾以任何形式独立。

康熙十七年（1678年）农历二月，郑经突发派手下大将刘国轩突袭漳州，清军在无战斗准备的情况下匆匆迎战，接连战败，郑军乘胜攻克同安、海澄，之后派遣一部分兵力北上，剩下一部分据守漳州。

康熙认为漳州失守罪在福建总督朗廷，他指挥不力，在康亲王杰书的推荐下，福建布政使姚启圣走马上任。他在上任后不久，就提出破敌妙计，并且给康熙写了奏折，康熙看后，大为赞赏。这是因为姚启圣秉持的康熙的原则———面扭转战局，另一面继续派人到厦门招抚郑经。为了扩充兵力，他大力整顿充实绿营兵，革除各种兵役，且招兵买马，加强军力，做好万一和谈不成需再战斗的准备。政治上，他

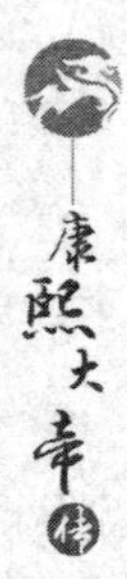

首先稳定民心，帮助百姓解决实际困难。

同时，姚启圣改变了朗廷怀疑闽人与郑氏勾结的做法，且在民间广贴告示，不许挟嫌陷害，告示一贴出，便深得民心，这为后来成功收复台湾打下了基础。在康熙的安排下，姚启圣注重策反和招抚工作，取得了十分显著的效果。

首先，姚启圣下令保护沿海与郑军有乡邻亲戚关系的人，且广贴告示，消除了郑氏官兵的后顾之忧。

其次，姚启圣在漳州设置了“修来馆”专门负责招降郑经大军。专门招抚郑氏官兵，凡来投诚者一律发给银牌以示奖赏。有官职的上报吏部以原职起用，有逃走再来冒领奖赏者也不追究。

命令发出后，投降的士兵纷至沓来。两年内，共招抚明郑官员5153名，士兵35677名，或就地入伍御敌，或随行征剿，推心置腹不疑，异于郎廷之怀疑闽人而不敢用。1679年初，五镇大将廖瑞、黄靖、赖祖、金福、廖兴及副总兵何逊等都各自带领所属官兵来归，文武官员一共374人。不久，纪朝佐、杨廷彩、黄柏、吴定芳、郑奇烈、陈士恺也相继投诚，后又有水师五镇蔡中调、征夷将军江机、杨一豹子等人率部下十余万人投诚。

与此同时，他还在郑军内部散播郑军即将投诚的假消

息，并且离间郑军内部的一些部将，给他们送礼物，让他们互相猜忌，这些都取得了很好的效果。

姚启圣的这些招抚政策得到了康熙的大力支持，海澄公黄芳泰原驻漳州，后到汀州，在这两个地方颇有势力和威望，因黄芳度与其家属被郑军杀害，郑军的将士不敢来漳州投诚，为此，姚启圣奏疏康熙，希望能让海澄公黄芳泰出汀州，康熙准奏，让黄芳泰携其家眷回到京师。

在姚启圣的一系列措施下，清军收复台湾的实力得到了扩充，稳定了军心，敌对势力也被大幅削弱，这为后期成功收复台湾奠定了基础。

在这样的情况下，康熙命姚启圣连续给郑经写信，对其进行招抚，姚启圣按照康熙的旨意，在信中对郑经晓之以情、动之以理，且言辞恳切，经过一再争取，郑经也开始逐渐妥协了。

康熙十八年（1679年），康亲王杰书派苏埕再赴厦门，让其与郑经谈判，并承诺郑经曾提出的按照“朝鲜事例，代为题请，永为世好，作屏藩重臣。”郑经看到清廷做出了牺牲，也十分愿意投诚，但就在这个节骨眼上，因为冯锡范的阻挠，此事告吹。

这是因为在清廷内部，对台湾郑氏一直存在招抚和攻打

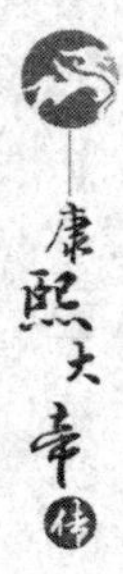

两种主张。主张攻打派主要是施琅。

施琅，福建省泉州府晋江县（今晋江市龙湖镇衙口村）人，祖籍河南固始，明末清初军事家，清朝初期重要将领。

施琅早年是郑芝龙的部将，顺治三年（1646年）随郑芝龙降清。不久又加入郑成功的抗清义旅，成为郑成功的得力助手。郑成功手下曾德一度得罪了施琅，施琅借故杀曾德而得罪了郑成功，郑成功诛杀了施琅父亲与兄弟。由于亲人被郑成功杀害的大恨，施琅再次降清。施琅投降清朝后，被任命为清军同安副将，不久，又被提升为同安总兵、福建水师提督。康熙二十年（1681年），康熙帝采纳了李光地的意见，授施琅福建水师提督，施琅积极进行攻讨台湾的部署准备。康熙二十一年（1682年），康熙帝决定攻台，命施琅与福建总督姚启圣一起进取澎湖、台湾。康熙二十二年（1683年）六月，施琅指挥清军水师先行在澎湖海战对台湾水师获得大胜。上疏吁请清廷在台湾屯兵镇守、设府管理，力主保留台湾、守卫台湾。因功授靖海将军，封靖海侯。

施琅向康熙上了一道《尽陈所见疏》，在里面陈述了如何用武力收复台湾的方法——武力与安抚并用，但侧重点在前者，但也提出无论哪种方法，都要根据具体情况而定，敌

顺则抚，敌逆则剿，既然朝廷三番四次安抚都没起到决定性效果，那么，就应该采取武力镇压。

可惜的是，康熙当时还处于四大臣辅政时期，尤其是鳌拜专权，对施琅送去的奏章非但不理，还直接解除了他的兵权，让其留在京师，任内大臣，这其实只是一个闲职。此时的康熙认识到，一直招抚无果，那么收复台湾就不能放弃武力，因此，他决定有必要建立一支强大的水师。

康熙十八年（1679年）八月，康熙下令重建福建水师，调镇江将军王之鼎为水师提督，四月，康熙以在洞庭湖大败吴三桂水军的方正色为提督，从江南、浙江挑选百艘战船编入福建水师队伍，这样，一只足以和郑经水军相抗衡的海上军队就建成了。

水师的建成，果然发挥到了作用。第二年二月，清军分水路和陆路两路进行攻打，势如破竹，郑经慌乱逃回台湾，郑军三百艘战船归降。

经过八年之久的金厦拉锯战，郑经的势力在各方面的打击下，已经摇摇欲坠，而清军重建水师后，锻炼了海战的能力，统一的条件日臻成熟。

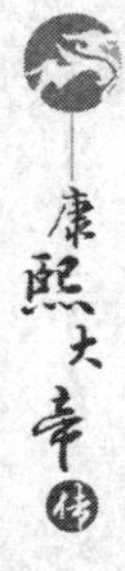

一统台湾并设立政府

在台湾问题上，康熙一直坚持："主权领土是涉及国家大利害的问题，在这个问题上，必须寸土必争，不容有丝毫让步。"因此，在是否留守台湾这个问题上，康熙目光长远，坚持抵制放弃台湾的声音，在台湾设立府县，建立长期驻军的制度，这对于祖国统一和台湾的发展有着深远的影响。

康熙十九年（1680年）郑经返台后，纵情酒色，怠闻军政，将台湾事务均委与长子郑克臧与大臣陈永华。康熙二十年（1681年）三月十七日，郑经于台湾承天府去世，终年40岁。

郑经死后，由长子郑克臧继位，郑克臧知书达礼，是一个合格的接班人，而且早在康熙十八年（1679年），郑经率师西征时，就留他奉命监国，由其岳父陈永华辅政。

但随后，郑氏集团内部再次发生内乱，冯锡范、刘国轩发动政变，郑克臧被杀，年仅十二岁的郑克塽被拥立继位，政权内部人心不稳，冯锡范为了立威，准备杀人，军中上下都打算向大清投诚，这样一来，整个郑氏集团已经是摇摇欲坠了。

此时，姚启圣立即上疏朝廷，建议趁机攻取台湾，康熙立即召开朝廷内部会议，商议具体策略，李光地举荐施琅重新担任福建水师提督，因为施琅精通水上情形，且富有战略思想，整个郑氏集团听到其名都闻风丧胆，姚启圣更是一再举荐，而施琅曾经在四大臣辅政时期所上的《尽陈所见疏》此时也被重新提上日程。

从施琅的自身条件来看，他的确是攻台清军主将的合适人选。首先，施琅生长在海边，自幼随父从事海上贸易活动，精通航海，对海疆的气候、地理等方面的情况了如指掌，施琅从军后，转战东南沿海，有丰富的海战经验。其次，施琅通晓兵法、战阵，并一贯主张以武力统一台湾，所以多年来精心谋划对台用兵方略，提出“因剿寓抚”的战略方针及一整套实施方案，不但周密完备，而且是切实可行的。再次，施琅是从郑氏阵营中反叛出来的，他熟悉台湾郑氏集团内情，他的智勇韬略也一向为郑军官兵所畏惧，他在郑氏集团中的故旧很多，为他争取内应和进行情报工作提供了便利条件。最后，施琅不但是武力统一的坚决拥护者，而且对统一充满信心。

然而，在这一问题上，施琅并没有立即答应下来，而是对康熙说：“收复台湾，是我们大家的夙愿，皇上英明，我

也想略尽自己绵薄之力，但我是汉人，又是投降过来的，我的处境恐怕要辜负您的厚望，再说，自从我朝建立起来，每次出征，都是满族王公贵族挂帅。”

康熙语重心长地说：“你的顾虑和难处我能理解，你不要担心，我让你挂帅，不是一时兴起，而是经过深思熟虑的，虽然满族的文武大臣很多，但是说到水战经验，没有一个人比得上你，十三年前，你提出的建议很好，我就知道你有把握，我也了解你，听说你一有时间，就阅读史书和兵书，经验丰富……”

“是的，因为我想成为一个有文武才干的有用之人。”

康熙听到施琅这么说，便点头道：“这就对了，你平时就是一个很努力的人，刚才你说到身份的问题，在我这，我只任人唯才，我不计较这个人的身份是汉人还是投降过来的人，只要是有才干的，我都会重用，以前的王辅臣，几次三番叛变又投降，我都没计较，而汉族的将领赵良栋、张勇等人，我也是论功行赏，对于勒尔锦，我也是犯了错就惩罚。”

施琅大为感动：“既然皇上如此信任微臣，我就是战死沙场，也虽死无憾了，收复台湾，从国家来说，是一项伟大的事业，从我自身角度看，我的父亲和弟弟都被郑成功杀

害，我怎能不尽力？不过，请皇上放心，战场上我不会计较个人私仇，会以国家利益为重的。”

“那我等你凯旋。”

于是，施琅终于复任福建水师提督之职，加太子少保衔。施琅还请求专征之权，总督和巡抚只负责后勤给养，不必干预军务，但是这一点被否决了，施琅明白朝廷还对自己心存疑心，万一有人打自己的小报告，自己跳进黄河也洗不清了，所以他请求皇帝能让身边的侍卫吴启爵陪同自己一起前往台湾战场，这样，皇帝便放心了。

但是他的这一提议又被兵部否决了，他们的意见是，如果皇帝身边的侍卫都能发号施令，这与当年派太监监军有何区别，如此很容易造成军机贻误，但是康熙能明白施琅的用意，所以极力为施琅说：“一个小小的侍卫，在京城对于我来说也没什么用，到了台湾，还可以通消息，就按照施琅的想法做吧。”

于是，康熙为施琅设宴饯行。1681年，施琅赴福建。回到厦门后，便夜以继日、废寝忘食，一边整船，一边练兵，兼工制造器械，亲自挑选工匠和船，历时数月，使原来全无头绪的水师船坚兵练，事事全备。

但就在即将进兵的时候，施琅和姚启圣针对如何攻取台

湾的问题发生了分歧，这主要表现在：

第一是在台湾和澎湖两个地方，到底先攻取哪个。姚启圣认为他可以与施琅各率一支船队，同时攻打，一旦拿下台湾，澎湖就手到擒来了。

施琅的意见则相反，他认为只要拿下澎湖，就抓住了要塞，他说："郑军中当属刘国轩最为骁勇善战，如果刘国轩被我们打败。那么台湾就能不战而降。"在他看来，即使集中兵力也难以取舍，更别说分路攻击了。一起攻击，如果其中一路失败，另外一路也会受到影响而导致整个战局失败。

第二是如何利用风向的问题。姚启圣认为可以利用北风，而施琅则认为，北风猛烈，规律难以掌握，南风温和，将士们不会晕船，而且在风的上风流，更容易取胜。

二人在这一问题上各执己见、互不退让，这种情况下，施琅给康熙递了一份奏折，希望康熙能给自己专职之权。

对于海战，康熙并不熟悉，所以也不好拿主意，所以他召来议政王大臣进行商议，在听取他们的意见时，武英殿大学士明珠认为，一人带兵进剿，可得行其志，而两人一同领军，未免会彼此掣肘，有诸多不便，所以只需要施琅一人前去便可。

明珠是首辅大臣，他的话大家都很认同，康熙也同意，

于是就改变了原来合兵进取的办法，决定让施琅独立专任，并相机而动，让总督和巡抚只负责运送粮饷，不干涉带兵打仗的事。

台湾方面，早在康熙二十年（1681年）的农历九月，当时康熙让施琅担任福建提督的消息传到郑氏家族内部的时候，他们就惶恐不安了，他们知道施琅的能耐，但此时，他们一时搞不清楚清军的意图，所以对于如何防御，也就找不到突破口了。可巧这时破获了两名要员给姚启圣的一封密信，写有“澎湖无备，可速督兵前来，一鼓可得。若得澎湖，台湾即虚，便将起兵相应”的内容。如此，郑氏集团才在澎湖的防守上加了重兵。

郑克命刘国轩为正总督，统管水路两军，将士达两万余人，战船二百余艘，自副将以下，都有先斩后奏的权力，又命令征北将军曾瑞、定北将军王顺为副，共守澎湖。

康熙二十一年十月，康熙给施琅的专征台湾的命令才收到，彼时的施琅集结了各路总兵在海上进行操练。

他接到命令后，为了扰乱郑氏集团的视线，一直对外宣布消息称自己要利用北风进攻台湾。到十一月，又对外说北风太过强劲，不利于打战，令各部仍回原地待命，自己率船队又回厦门，此时，镇守澎湖的刘国轩也糊涂了，不知道他

葫芦里卖的什么药，连福建总督姚启圣也弄不清楚施琅意欲何为，此时，他就派了一个副将到台湾去招抚，心想可以借助施琅的威慑力招抚成功，而自己能捞到主要功劳。

康熙二十二年（1683年）正月，郑克在被招抚后回信，称坚持照朝鲜例，称臣进贡，不剃发、不登岸。姚启圣奏报了朝廷，康熙的答复是“台湾城，皆闽人，不得与朝鲜等比”。姚启圣招抚虽未成功，但起到了麻痹郑氏集团的作用，为后面使施琅能出敌不意地进兵作了铺垫。

在六月份以前，清军做好了一切准备，部队已经集中到铜山。六月十一日，施琅召集了各镇、协、营、守备、千总、把总等随征军官，将“先锋银锭”放在桌上，传令给大家：“进兵澎湖，谁敢为先锋者，领取，以便首先冲锋破敌。”传令好长时间，没有人出应。忽然，提标署右营游击蓝理挺身而出，领取了银锭。施琅在诸将面前，大大赞扬了蓝理的勇敢精神。

六月十四日凌晨，施琅率领水师官兵2万余人、各类战船300余艘从铜山起程。澎湖郑军大将刘国轩对施琅集师于铜山的消息，早已知道，但他认为六月份是飓风骤发季节，施琅又是深谙海上风浪的人，此时不会冒险出兵的。

十五日晨，刘国轩突然收到消息，称前方清军战船已经

乘着风浪逼近，心中惊恐不已，慌忙命令各岛守将，移大炮罗列海岛应战。施琅带领清军以迅雷之势迅速占领了澎湖以南的主要岛屿，第二天命令全师出动，向澎湖本岛进攻。但在前进的途中遇到了逆风，清军战船被郑军大队战炮包围，施琅乘船冲入重围解救，但是不小心被炮火击伤了右边的眼睛，不得不命令战船结束战斗，初战失利。

二十二日，在经过五天的休整后，施琅决定分兵与澎湖郑军守军展开了决战。两军对战时恰巧遇到南风大作，海上波涛汹涌，施琅督促战船继续前进，据敌上流，乘势奋击，在这场战斗中，他巧妙地运用了“五梅花”战术（即以船5艘围敌船1艘），一个个包抄围歼，这一场水上战斗打了一整天，以清军大胜结束，郑军死亡1.2万余人，其中副将、总兵以上的将领47人，游击以下军官300余人；焚毁大小战船200余艘，并有军官100多人、士卒4800多人投降。而清军损伤较小，其中官兵死伤300多人，1800多人负伤。刘国轩见大势已去，即乘小船逃回了台湾。澎湖等36个岛屿，逐一被清军占领。

澎湖之战的胜利很快传到了清廷，康熙立即命令将这个消息发散到朝廷内外，随后特派一名施名侍郎赴福建，慰问全体官兵。规定“凡官员俱加一级，兵丁尽加恩赏，以示鼓

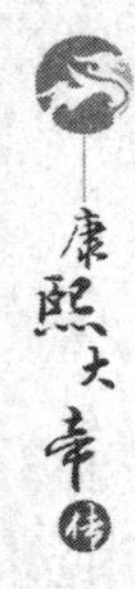

励”，这一措施给了全体官兵更大的鼓舞。

其中名将蓝理腹破肠流的故事广为流传。当时在澎湖海上时，清军与郑军短兵相接，战舰相向。刘国轩在澎湖岛上还构筑十多座炮台，沿岸筑造短墙，分派重兵把守。蓝理率战船出击，郑军部将曾遂率船迎战。双方从辰时战至午时，海上硝烟弥漫。蓝理越战越勇，突然一枚炮弹飞来，弹片击中其腹部。蓝理倒下，曾遂大叫：“蓝理死了！”蓝理之弟蓝瑶将蓝理扶起。蓝理挣扎着站起来，握紧拳头大喊：“蓝理没死，曾遂死了！”并连呼：“杀贼!杀贼!杀贼!”声大如雷，清军士气大振。

这时，蓝理的肠子已经流出来。族人蓝法为他将肠子捧放入腹，具弟帮他包扎穿衣。蓝理全然不顾，还在大喊杀贼。双方都以铁钩钩住对方船只，向对方掷火箭、火龙、火罐。蓝理命以火药桶攻敌，击沉二艘，烧死无数。郑军被迫败退。

康熙在清廷知道这件事后，很受感动，后来在见到蓝理时，亲自察看他的伤口，将自己亲笔书写的“所向无敌”横匾赠给了他。

郑氏集团澎湖失守，台湾失去了屏障，他们的精良部队已经所剩无几，眼看台湾即将失去，郑氏集团内部大家没了主意。此时，冯锡范站了出来，他给郑克出了个主意，可以召集文武官员讨论对策。大家遂聚在一起，开了个会，会上大家各抒己见，出现了两种主张：

一种是要放弃台湾，逃奔吕宋（今菲律宾），继续反清，冯锡范比较认可这一种观点，会后即组织力量，准备行动。有的还打算在离台湾时，要大抢一把。可这消息一传出，弄得人心惶惶，昼夜不安。

另一种是以刘国轩为代表的一批人，主张接纳清廷的招抚，坚决反对逃奔吕宋。刘国轩耐心地劝冯锡范，现在台湾是众志瓦解，守亦实难，投奔他国，何能成业，不如举全地版图以降。

在听了刘国轩的分析后，冯锡范也觉得很有道理，就主动劝自己女婿郑克降清，郑克经过反复考虑，眼看现在民心尽失，还有谁来为自己死守呢。仓皇逃难，又没有生路，唯一的退路就只有接受清廷的招抚了。

在这个节骨眼上，施琅派使臣前去台湾招抚。开始，冯锡范和郑克又纠结起来，但刘国轩说，自古以来都是识时务者为俊杰，现在大势已去，何必苦苦挣扎，于是，郑克派了礼官郑平英等4人，到澎湖谈判，不过他们还是坚持台湾不登岸的条件，这一点被施琅当场拒绝，在施琅看来，郑氏是

因为战败而接受招抚，现在还提无理要求，这分明是搞缓兵之计。便命来使回台湾告郑克，如果是真诚归清，就让刘国轩、冯锡范亲自来本军前请降。

郑克得知施琅的态度很强硬，便又派冯锡范的胞弟冯锡圭、刘国轩的胞弟刘国昌，携带降表到澎湖交给施琅，放弃原来的非要留居台湾的条件，这样，施琅才感觉到对方的态度真诚，便立即将这一消息上报了朝廷，康熙接到郑克块降表后，先交议政大臣讨论，后又征求满汉大学士们的意见，大家都认为可以接受郑克投诚。康熙最后表示："若不许其投诚，则彼或窜处外国，又生事端，不若抚之为善。"

康熙二十二年（1683年）七月二十七日，康熙对台湾投诚人员颁发了赦诏："更念以兵力攻取台湾，则将士劳瘁，人民伤残，特下谕旨招降，倘其来归，即令登岸，善为安插，务俾得所，勿使余众仍留原地。"

八月十一日，施琅率官兵前往台湾受降。郑克闻讯，立即派官员挂彩旗、奏乐，坐船出鹿耳门迎接，引导进港。郑克亲自率领刘国轩、冯锡范等重要文武官员，齐集海岸，列队恭迎官兵，然后与施琅等在天妃宫会见。

八月十五日，康熙接到施琅的报告，大为快慰，挥笔写了《中秋日闻海上捷音》一诗，最后两句是："海隅久念苍生困，耕凿从今九壤同。”康熙将那天自己穿的衣服脱下来，派人疾驰送给施琅，写诗赞扬施琅智勇双全，建立奇功，安定南海疆，流芳百世。后又授施琅靖海将军，封为靖海侯。

十八日，郑克塽等剃发。施琅当众宣读康熙谕旨：“尔等果能悔过投诚，倾心向化，率所属伪官军民人等，悉行登岸，将尔等从前抗违之罪，尽行赦免，仍从优叙录，加恩安插，务令得所。煌煌谕旨，炳如日星，朕不食言。”郑克塽等遂遥向京师叩头谢恩。

康熙二十三年（1684年）十二月，郑克塽等奉朝廷命令到了北京。康熙为郑克塽等“纳土归诚”的行动，予以肯定和鼓励，特授予郑克塽一等公爵，刘国轩、冯锡范一等伯爵。将他们都安插在上三旗，拨给了他们田地房产。对同来投诚的2000余名文武官员，4万余名兵士，都命户部作了妥善安置。康熙对刘国轩首先归命，并劝郑克塽纳土归来，给予很高的评价，亲自召见他，特授为天津总兵官。康熙听说刘国轩家中人口众多，住房问题棘手，遂命户部另外配给他住房。不久，康熙下诏，认定郑成功、郑经并非“乱臣贼子”，将他们父子俩的棺材归葬其故乡福建南安。

收复了台湾后，清廷要考虑的就是台湾的弃留问题了，

对此，朝廷内部展开了激烈的争论。有的极力主张“迁其人，弃其地”，有的认为台湾“海外丸泥，不足为中国加广”，只需留澎湖为东南沿海的屏障就行了。就连原先积极主张收复台湾的大学士李光地，也主张将台湾放弃，他认为台湾山高水长、远离大陆，管辖起来尤为费劲，还不如割让给荷兰人，让他们世代进贡，这才是一劳永逸的办法。施琅听到朝臣中出现放弃台湾的主张，便立即向朝廷呈送了《恭陈台湾弃留疏》，在奏折中清晰地说明了自己在台湾当地的调查结果，指出了台湾对于大陆政治的重要性，他表示出坚决反对放弃台湾的决定。随后，福建总督姚启圣等反对放弃台湾的奏章也送到了朝廷。

康熙的想法和施琅等人的不谋而合，他认为必须留守台湾。为了统一大家的思想，就反复征求意见，做说服工作。

有一次，他问李光地，如果台湾被外国殖民者占领，将会对大陆的安全造成什么影响？李光地回答康熙说：“目前没有什么问题，因为有陛下的圣明，几十年可保无事。”康熙批评了李光地，说他目光短浅，只看到眼前：“如此且置郡县，若计到久远，十三省岂能长保为我有？”康熙又问汉人大学士王熙等意见。王熙等同意施琅的看法，认为台湾有地数千里，民众10万，其地甚为重要，一旦放弃被外国人占据，就会成为犯上作乱的人的匿身之地，故以守之为上策。康熙听后说："若徙其人民，又恐致失所，弃而不守，尤为不可。"便又令议政王大臣会议。结果是一致主张"请守已得之地，设兵守之为宜"。

在大臣中持留守台湾意见的人占大多数，于是，康熙便于二十三年四月十四日，下令设置台湾新的政权机构。将郑氏政权的东宁府改为台湾府，南路设凤山县，北路设诸罗县，在台湾府治所在地设台湾县，澎湖归台湾府直辖。规定台湾府县的官员，由福建总督及巡抚在本省现任官内挑选。经姚启圣等推荐，康熙批准了汉军镶白旗人蒋毓英，为台湾第一任知府。据说蒋毓英上任后，关于他的知府衙门的朝向问题还有个故事。原来台湾的官邸民舍，不知是地理气候的原因还是其他原因，大门都习惯向西开。蒋毓英将知府衙署建在东方坊，将大门向南开，用这种习惯表示和内地的制度一致。

康熙批准设立台湾府后，又采纳了施琅的建议，于台湾建立驻兵制度。计设：台湾总兵1员，水师副将1员，陆师副将2员，兵8000，分为水陆8营；澎湖设水师副将1员，兵2000，分为2营，每营各设游击、守备、千总、把总等官，与内地编制相同。总兵、副将、参将、游击等官，3年与内

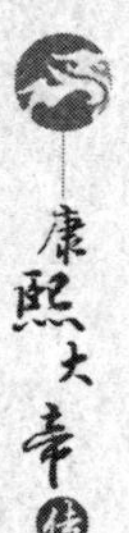

地转升、轮换，无致久任，永为成例。康熙亲自选定正黄旗参将杨文魁，为台湾第一任总兵官。清廷在台湾建置政权机构，派驻重兵，增强了边防，促进了台湾经济文化的发展。

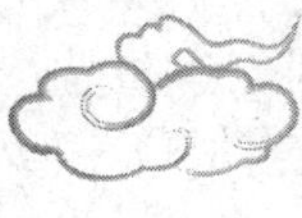

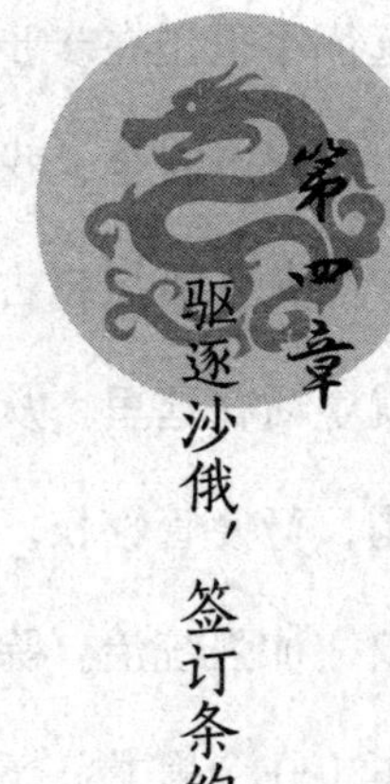

第四章 驱逐沙俄，签订条约

沙俄的扩张

在康熙忙于平定三藩和统一台湾的时候，来自沙俄的殖民远征军也正在步步蚕食黑龙江流域，严重影响了当地百姓的生命财产安全，我国的主权和领土完整也受到威胁。

黑龙江流域自古以来都是中国的领土，满族的祖先肃慎族就生活在这里。从唐到明的历代朝廷，都在这里设置行政机构，行使管辖权。清朝建立之后，继续对这一地区行使管辖权，加强统治。除设盛京将军（驻今辽宁沈阳）、宁古塔将军（驻今黑龙江宁安）和黑龙江将军（驻今黑龙江瑷珲）外，还把当地居民编为八旗。与此同时，还加强了吉林、黑龙江将军所辖的各镇，在沿江重要地区建立船厂，设置仓屯，陆上开辟台站驿道，发展水陆交通运输，进一步加强了边境地区与内地的政治、经济和文化联系。

17世纪上半叶，沙俄由于国力迅速增强，急剧向外扩张。

1632年，沙俄建立雅库茨克城，后来，沙俄以此为据点，不断侵犯我国的黑龙江流域。

建立雅库茨克城后，沙俄侵犯的脚步并没有停下，1643年冬。波雅科夫率领一支三百多人的侵略队伍越过兴安岭，到达中国达斡尔族居住的乌姆列坎河口，这里的居民一开始热情地接待了他们。虽然他们知道这里是中国的领土，但是波雅科夫和他的军队并没有同样用善意来回报这里的居民，相反，看到物资如此丰富的达斡尔，他们被贪婪吞没了，开始在达斡尔烧杀抢掠，强迫当地的人缴纳粮食，甚至杀人而食，这种惨绝人寰的行径遭到了当地各族人民的反击。然而，在这些装备精良、训练有素的侵略军面前，手无寸铁的老百姓又怎可能是他们的对手?

顺治六年（1649年），雅库次克长官派哈巴罗夫率兵70名从雅库次克出发，于这年末侵入黑龙江，强占中国达斡尔头人拉夫凯的辖区，其中包括达斡尔头人阿尔巴亚的驻地雅克萨城寨（今黑龙江左岸阿尔巴金诺），遭到当地人民的抵抗。哈巴罗夫将同伙交由斯捷潘诺夫率领，自己回雅库茨克求援。次年夏末，哈巴罗夫率领138名亡命之徒，携3门火炮和一些枪支弹药，再次侵入黑龙江，强占雅克萨城，不断派人四处袭击达斡尔居民，捕捉人质，掳掠妇女，杀人放火。九月底，哈巴罗夫又率领侵略军200余人，侵入黑龙江下游乌扎拉河口（今宏加里河）中国赫哲人聚居的乌扎拉村，强

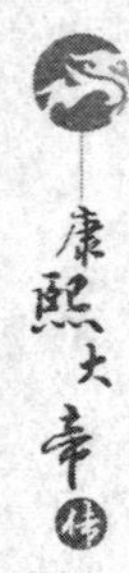

占城寨，蹂躏当地居民。英勇的赫哲人民奋起抗击，并请求清政府予以支援。

顺治九年（1652年）二月，清政府令宁古塔章京（官名）海包率所部进击，战于乌扎拉村，打死沙俄侵略者10人，打伤78人。清顺治十五年（1658年）六月，宁古塔都统沙尔瑚达率战舰40艘同侵略军激战于松花江下游，歼敌270人。

顺治十七年（1660年）宁古塔将军巴海率水军破敌于古法坛村，斩首60余级，溺水死者甚众。经过中国军民的多次打击，侵入中国黑龙江流域的俄国侵略军一度被肃清。

康熙继位后，俄军仍然向我东北地区不断侵略，康熙四年（1665年），俄军分别从东、南两个方向侵略中国边境，向东，俄军到达黑龙江流域，并再次占领了雅克萨，向南，沙俄侵占了中国戈喀尔喀蒙古土谢图汗所管辖的土地——楚库柏兴，并且，他们还通过建立据点、运用层层推进的作战策略，不断烧杀抢掠，骚扰中国索伦、赫哲、费雅喀、奇勒尔等各族人民。

但在相当长的时期内，康熙却没有时间和精力来解决沙俄问题，擒鳌拜、平三藩、收台湾这些大事件，已经让康熙无暇分身，正因为如此，他一开始只是让宁古塔将军巴海加

强防御，一边多次致信沙皇，希望能用和平的方式解决这一问题。

后来，沙俄侵略势力又到雅克萨筑城盘踞。清政府虽多次警告，都无济于事。在同沙俄的长期交涉中，清朝皇帝看到，若非“创以兵威，则罔知惩畏”，于是决意征剿。同时也意识到“昔发兵进讨，未获翦除”的原因：一是黑龙江一带没有驻兵，从宁古塔出兵反击，每次都因粮储不足而停止；二是沙俄侵略军虽为数不多，但由于“筑室散处，耕种自给”，加上尼布楚人与之贸易，故使其得以生存，于是造成“我进彼退、我退彼进，用兵不已，边民不安”的局面。

军事外交政策并驾齐驱

康熙六年（1667年），在沙俄的挑唆下，索伦族鄂温克酋长根特木尔叛逃尼布楚、投靠了俄国。根特木尔作为迭斡尔酋长，世代居住于尼布楚一带。由于不堪忍受俄国的侵扰，根特木尔于1653年南迁至嫩江流域，正式接受清朝的统治。然而在沙俄的挑唆下，最终根特木尔选择了叛逃俄国，这成为中俄早期关系史中一个极为重要的事件。

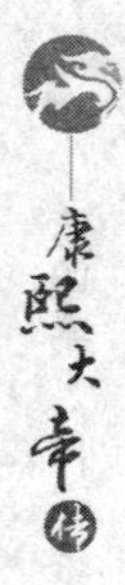

根特木尔叛逃的消息很快传到京城，康熙听后大为震惊，他认识到，这一苗头如果不趁早除了，将会严重威胁清廷的威信和统治，后康熙几次同沙俄就“归还逃人、停止挑衅”这一问题展开交涉，但沙俄都采取置之不理的态度。康熙九年（1670年）春，康熙命宁古塔将军巴海遣使赴尼布楚投递由康熙写给尼布楚总管阿尔申斯基的正式咨文，在咨文中就俄方对黑龙江流域的入侵提出质问，并在文件中提出，要求归还叛逃分子根特木尔，并且提议“倘贵国有言词通知我国，可派遣使臣前来与朕面谈”来解决两国边境争端问题。

康熙九年四月，阿尔申斯基派出以米格万诺夫为首的十人团队来到京城。阿尔申斯基依据沙皇的指示，给米格万诺夫的训令里要求康熙向沙皇纳贡称臣与自由通商。训令里面说道：“彼等应向博格德汗（俄对大清皇帝的称呼）陈明：诸多国家之国君和国王已率其臣民归依我大君主……彼博格德汗亦求得我大君主……沙皇陛下恩泽归依我沙皇陛下最高统治之下……永世不渝，向我大君主纳贡……双方在境内自由通商。”

这个文件充分暴露了沙皇的侵略野心，米格万诺夫将其递交给清廷。由于当时朝廷没有通晓俄文的翻译员，康熙并

不知道阿尔申斯基训令中的内容，但本着和平的良好愿望，清廷依然友好地接待了俄国使礼。

会谈开始后，由于俄方缺乏诚意，尽提一些无理要求，使得会谈不欢而散。但出于礼貌，清廷依然送给了使团很多礼物。

随后，康熙帝手书《致沙皇国书》后交由俄方，其中明确提到，如沙皇“愿求永远和好”，则必须答应两个条件：

第一，归还叛逃分子根特木尔；

第二，以后不许侵犯大清疆界。

当时，因阿尔申斯基等使者不懂满文，孟格德就将《致沙皇国书》全部翻译成蒙文，再由阿尔申斯基将蒙文翻译成俄文。之后，这份《致沙皇国书》及其译文被送到转沙皇手里。在此期间，阿尔申斯基当面向孟格德做出保证：

如果沙皇允许遣返根特木尔，自当马上将他送返；并表示他已经通知下去，让雅克萨头目不得恣意妄为。

实际上，阿尔申斯基的这一番所谓的保证毫无诚意，只是为了敷衍清廷，根本没有想过兑现，之后，康熙又派孟格德又多次奔赴尼布楚交涉这一问题。

到达尼布楚后，孟格德即向阿尔申斯基痛陈俄方士兵在中国边境恣意妄为、杀人抢掠的事实，要求阿尔申斯基对其

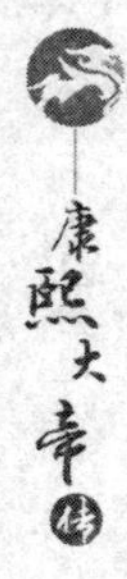

立即加以制止，阿尔申斯基口头上做了允诺，但俄方并没有因此收敛自己的行为。此后，孟格德多次奉命前往尼布楚进行交涉，但沙俄政府均置若罔闻，不加理会。逃犯问题就这样因为俄方的拖延而被搁置下来了。

康熙十四年（1675年），俄方又派出尼古拉为首的百人代表团来到北京。康熙十五年（1676年），尼古拉一行抵达嫩江流域，康熙派理藩院尚书阿穆瑚琅前往索伦与俄使协商，康熙在阿穆瑚琅出发前特地强调要搞清楚尼古拉此次的真实目的，以及他们对于清廷提出的合理要求的态度是什么。

经过双方谈判，阿穆瑚琅认为，俄方“虽有修好之意，亦不可信”。于是，将尼古拉一行人暂时留在索伦，请朝廷指示。

朝廷大臣鉴于俄方声称因“无人通晓”大清皇帝所给敕书，为此前来咨询详情，进献珍宝，并向皇帝问安，因此允许他们进京。

康熙十五年，俄方尼古拉等人到达京城，向朝廷递交一份国书和一份照会，内容是以通商为中心，并列举十二款，如允许互市，通路开放不绝；每年将四万两左右白银以及丝绸等物品运往俄国等。而对于先前康熙所交涉的问题，则置

之不理。

尽管如此，朝廷依旧接待俄方使者。康熙还两次接见俄使，召到御前一起赐茶赐酒，并命令理藩院审议俄方要求。之后，清廷对俄国使者严正宣布：

一、俄国必须归还逃犯根特木尔；

二、俄军队不准在边境滋事，不得骚扰中国百姓；

三、派遣使者来大清，要遵守大清礼法。

清廷的意思是，只要俄方能履行以上三条原则，双方可以和好，正常经商，否则不必遣使前来。

尼古拉在京期间，还与外国传教士串联，获取情报。由此可见，他们出使大清，并不是为了和平，而是别有所图。

尼古拉回国后，俄方不但没有收敛，反而趁着中国三藩之乱，派兵侵犯中国边境。从康熙十五年（1676年）起，沙俄的扩张步伐一直没有停过，到康熙二十一年（1682年），沙俄以雅克萨为中心，多次骚扰中国索伦、赫哲、费雅喀等少数民族聚集地，烧杀抢掠，甚至继续往内地进攻，与此同时，他们还在黑龙江的各条支流上，建立多个新据点，康熙十六年（1677年），沙俄在黑龙江支流上建立西林穆宾斯克和多伦斯克；康熙十九年（1680年），又在额尔古纳河建立

额尔古纳堡，并劫持人质，让当地人民强行纳税，沙俄军队在边境问题上的肆无忌惮，对清朝北方边境安全构成了巨大的威胁。

面对沙俄咄咄逼人的姿态，康熙仍寄希望于可以和平解决，所以他依然多次派人前往警告、阻拦，要求俄军停止侵略行为，康熙十九年（1680年），康熙特派大理寺卿明爱前往卜魁（今齐齐哈尔），与雅克萨俄军当局及逆行交涉，并明确提出大清的要求：必须拆除据点，且撤出中国领土，不然中方会诉诸以武力解决。但即便如此，俄方依然觉得大清软弱可欺，不但对大清的要求置之不理，反而变本加厉，公然屠杀当地居民，扩大据点。一些居民开始奋起抗击，侵略军十余人死于百姓的还击，还有当地的费雅喀等族人民也积极武装起来，准备参加反侵略战斗。

康熙在同沙俄的交涉中认识到，靠和平协商已经解决不了问题了，得出的结论是：

“若辈非创以兵威，则罔知惩畏，将至蔓延，遂决意征剿。”

所以同沙俄和平沟通时，依据形势的变化，康熙也在准备武力反击沙俄。他曾对臣子说：“罗刹扰我黑龙江、松花江一带，三十余年，其所窃据，距我朝发祥之地甚近，不

速加剪除，恐边徼之民，不获宁息。朕亲政之后，即留意于此。”

康熙将宁古塔将军治所移到乌拉，并修筑城防，就是为了“以备老羌（沙俄）”。在巡视东北等地时，康熙特别留意沙俄问题，经过自己以及大臣的实地考察后，对黑龙江的敌情已经了如指掌，并不断增加军事力量。

为此，康熙采取了一系列措施，加强边防建设，准备剿灭沙俄侵略军：侦察地形敌情，派兵割掉侵略军在雅克萨附近种植的庄稼，又令蒙古车臣汗断绝与俄人的贸易，以困惫和封锁侵略者；屯戍要地，康熙二十一年（1682年）十二月，决定调乌喇（今吉林市北）、宁古塔兵1500人往黑龙江城一带，驻扎瑷珲、呼玛尔（今呼玛南）。后鉴于两处距雅克萨路途遥远，令呼玛尔兵改驻额苏里（今俄斯沃特德内西南）。次年七月，宁古塔副都统萨布素率军进驻额苏里。九月，确定在瑷珲筑城永戍，预备炮具、船舰。同时派乌喇、宁古塔兵五六百人、达呼尔（今黑龙江嫩江县境）兵四五百人，调往瑷珲一带；修整战具，设置驿站，运储军需。这些措施，适合当时东北边防斗争的需要和特点，因为黑龙江至外兴安岭地区距东北腹地遥隔数千里，同沙俄这样的入侵者斗争，单靠当地人民的部落武装是无法制止其侵略的，必须

筹划全边，扼要屯兵戍卫，在适当地点控制一定兵力作机动，才能对付沙俄飘忽不定的反复侵扰。为此，需要建立相当数量的驿站和粮站，开辟水陆交通线和筹集运输工具，从而保障反击作战的胜利，并在反击胜利后建立一条较完整的边界防守线，才有利于长期的边防斗争。

雅克萨大捷，俄军败退

经过一系列的精心准备，康熙认为收复雅克萨的条件已经成熟，雅克萨位于黑龙江省漠河县以东黑龙江北岸（今俄罗斯阿尔巴金诺），地理位置十分重要，沙俄要想从俄罗斯本土进入黑龙江，就必须经过雅克萨。在沙俄多次入侵下，雅克萨已成为其在黑龙江上游的重要据点。康熙二十二年（1683年）七月初，清黑龙江将军率军千余人向黑龙江挺进，但是却在精奇里江口遇到了从雅克萨而来的一小股沙俄侵略军，清军将其包围，迅速将其歼灭，俄军或死或降，全军覆没，康熙知道后，非常高兴，当即下令让将士们乘胜追击，肃清黑龙江中下游的侵略者，期间，当地很多少数民族百姓也加入了抗击侵略者的队伍，一时间，沙俄侵略势力在

黑龙江中下游屡屡受挫，他们的据点也基本被肃清，雅克萨成为孤城。

在中俄边境问题上，康熙一直希望能以和平的方式解决，武力并不是最好的方法，就在清军在黑龙江取得胜利的前后，康熙还两次下令理藩院照会俄国政府，希望为和平做最后的努力，希望俄方马上停止侵略行为，并归还逃犯根特木尔，否则，大清将以武力伐之。但沙俄对清政府的劝阻不以为意，甚至继续增派侵略兵力，沙皇米哈伊洛维奇海从西伯利亚抽调了一千多名侵略军增援雅克萨，并指派托尔布津为雅克萨统领，希望能在最短的时间内再次占领雅克萨，妄图将我国雅克萨划入俄罗斯版图。

康熙二十四年（1685年）正月二十三日，为了彻底消除沙俄侵略，康熙帝命都统彭春赴瑷珲，为了彻底消除沙俄侵略，康熙命都统彭春赴瑷珲，负责收复雅克萨。

四月，清军约3000人在彭春统率下，携战舰、鸟枪、火炮和刀矛、盾牌等兵器，从瑷珲出发，分水陆两路向雅克萨开进，于五月二十二日抵达雅克萨城下，当即向侵略军头目托尔布津发出通牒。托尔布津恃巢穴坚固，有兵450人，炮3门，鸟枪300支，拒不从命。

清军于五月二十三日分水陆两路列营攻击。陆师布于城

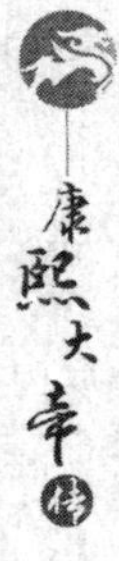

南，集战船于城东南，列炮于城北。二十五日黎明，清军发炮轰击，侵略军伤亡甚重，势不能支。托尔布津乞降，遣使要求在保留武装的条件下撤离雅克萨。经彭春同意后，俄军撤至尼布楚（今涅尔琴斯克）。清军赶走侵略军后，平毁雅克萨城，即行回师，留部分兵力驻守瑷珲，另派兵在瑷珲、墨尔根（今黑龙江嫩江）屯田，加强黑龙江一带的防务。

沙俄侵略军被迫撤离雅克萨后，贼心不死，继续拼凑兵力，图谋再犯。康熙二十四年（1685年）秋，莫斯科派兵600增援尼布楚。当获知清军撤走时，侵略军头目托尔布津率大批沙俄侵略军再次窜到雅克萨。俄军这一背信弃义的行为引起清政府的极大愤慨。次年初，康熙接到奏报，即下令反击。

七月二十四日，清军2000多人进抵雅克萨城下，将城围困起来，勒令沙俄侵略军投降。托尔布津不理。八月，清军开始攻城，托尔布津中弹身亡，改由杯敦代行指挥，继续顽抗。八月二十五日，清军考虑到沙俄侵略者死守雅克萨，必待援兵，且考虑隆冬冰合后，舰船行动、马匹粮秣等不便，于是在雅克萨城的南、北、东三面掘壕围困，在城西河上派战舰巡逻，切断守敌外援。

侵略军被围困，战死病死很多，826名侵略军，最后只

剩66人。雅克萨城旦夕可下，俄国摄政王索菲亚急忙向清请求撤围，遣使议定边界。清答应所请，准许侵略军残部撤往尼布楚，这意味着雅克萨之战清军的胜利。

雅克萨之战清军获胜的原因主要有以下几点：

一是军事斗争与外交斗争相互配合，斗争有理、有利、有节。面对沙俄军队对中国黑龙江流域的不断侵略和蚕食，康熙帝本着先礼后兵的原则，曾多次与沙俄进行交涉，坚决要求沙俄军队停止侵略行径。当外交手段未能奏效时，才使用武力驱逐入侵者。

待军事上取得胜利之后，又通过外交手段来巩固军事斗争的胜利成果，使这场捍卫领土主权的斗争开展得有理有利有节，最终使沙俄不得不撤出雅克萨，承认中国在黑龙江流域的领土主权。由于这场斗争的性质是正义的，因而得到了黑龙江流域地区各族人民的大力支持，军民同仇敌忾，士气高昂，为战争的胜利提供了可靠的保障。

二是善于把握战机。沙俄侵占雅克萨，正是清廷忙于平定三藩之乱，无暇他顾之时，于是康熙帝暂时放弃使用武力，转而采取外交手段解决。待三藩平定后第二年，康熙帝即将以武力驱逐沙俄侵略者的问题提上议程，并在做好充分准备的基础上，先后两次出兵雅克萨，对入侵者给予了严

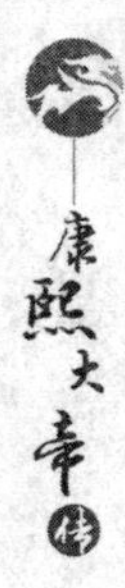

厉的惩罚。后来卫拉特蒙古准噶尔部首领噶尔丹发动叛乱，清廷为避免两面作战，及时与沙俄签订了《中俄尼布楚条约》，从而结束了战争，以便有精力对付噶尔丹叛乱。

三是作战中善于扬长避短。清军根据侵占雅克萨的沙俄军队城坚炮利、但人数较少的特点，以及清军火器较弱，但人数较多的情况，主动扬长避短，不急于在敌炮火下发动强攻，而是在城周围挖壕，断其外援，作长期围困，使其炮火优势无从发挥，1年后粮弹消耗殆尽，因饿、病和作战而死者占90%以上。沙俄侵略军虽然选择了清朝三藩之乱的有利时机侵占雅克萨，而且又有城坚炮利等军事优势，但由于他们所进行的战争是非正义的侵略战争，因而遭到当地人民坚决反抗，加之沙俄侵略军入侵战线拉得过长，补给和后援都难以保障，很快就陷入四面楚歌的境地，失败也就成为其在所难免的结局。

雅克萨之战是一次正义之战，此战的胜利，是中国人民在辽阔的东北边界为保卫边防而进行的长期反复斗争的一次胜利，它挫败了沙俄跨越外兴安岭侵略中国黑龙江流域的企图，遏制了几十年来沙俄的侵略，使清东北边境在以后一个半世纪里基本上得到安宁。

签订条约

一直以来，康熙都并不主张用武力解决中俄边境问题，但是沙俄却把康熙皇帝不愿动兵当成清政府是胆小懦弱，康熙皇帝多次提出和平谈判却置之不理，康熙第二次用武力收复雅克萨之后，仍然致书沙皇，要求和平谈判。

当时沙俄内部政权也出现巨大的冬季，沙皇阿列克赛病逝，其弟约翰和彼得一起被立委为沙皇，而实权却在其姐索菲娅公主手里，为了争夺权力，皇室内部进行了你死我活的争斗。并且，当时俄国的主要兵力在争夺波罗的海和黑海的控制权，没有精力再去增援雅克萨，在这样的情况下，沙皇才勉强答应和大清和谈。

康熙二十五年（1686年）九月二十五日，俄国文纽科夫、法沃罗夫妻抵达北京，康熙派大学士明珠、尚书科尔昆、佛伦等与之谈判，清政府表示出了对此次和谈的重视，俄使提出，要谈判，清军应先解除对雅克萨的围困，待戈洛文使团来华后，再谈解决边界问题。康熙给出了十足的诚意，他答应了俄使的请求，当即下令萨布素撤围，并且，俄兵可以自由出入雅克萨城，允许患病和有伤的俄兵就医，到第二年春，清军已经完全停止了对雅克萨的封锁。

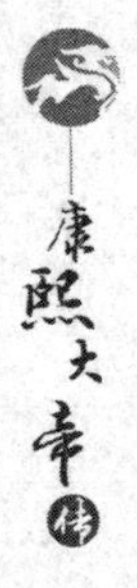

然而，沙俄求和的决定，也只是无奈之举，因为俄军已濒临绝境，也无武力再对黑龙江地区继续进行侵略，为了避免雅克萨俄军全军覆没，他们不得不接受康熙皇帝的谈判要求，但对于中国领土的欲望，他们并没有放弃。

康熙二十五年（1686年）正月，俄再派戈洛文为对华谈判的全权大使，使团一共有4余人，出发前，沙皇政府告诫戈洛文，和清政府谈判，要力争以黑龙江为两国边界，如果清政府不同意，以牛满河、精奇里江为界也可以，如果两个要求清政府都不同意，那么就以雅克萨为界，不过前提是清政府要答应在牛满河和精奇里江保留两国共同的渔猎场，如果以上要求清廷都拒绝，那么戈洛文就可以调动在西伯利亚的军队与清军展开战斗了，总之，无论如何，必须在最大程度上获取利益。

在谈判准备期间，俄企图趁着噶尔丹叛乱来让清政府实行让步，因此，不断拖延时间，还不断挑唆蒙古各部之间的矛盾，但他们的美梦并没有实现，蒙古各部落之间纷纷提出让中央政府出面解决准噶尔问题，都对统一有着强烈的渴望。

康熙二十八年（1689年）七月初五日，中俄两国代表在尼布楚郊外开始谈判，关于尼布楚地区的归属问题成为谈

判的焦点。清方代表一开始即指出“贝加尔海这边的全部土地，则完全属于中国汗所有，因为贝加尔海这边的土地全是蒙古汗的领地”“而所有的蒙古人自古以来就是中国汗的臣民”。戈洛文则强调不久前俄国人才知悉并予以侵占的这个地区“自古以来即为沙皇陛下所领有”。索额图予以驳斥，要求俄国人退到色楞格河以西去。但俄方坚持其要求。

由于双方争执不下，索额图见戈洛文强要以黑龙江为界，乃遵照康熙帝的“尔等初议时，仍当以尼布潮为界，彼使者若恳求尼布潮，可即以额尔古纳为界”的谕令作出让步，表示可以将尼布楚一带让与俄国，以石勒喀河、鄂嫩河至音果达河一带为界。尽管如此，戈洛文仍坚不接受。索额图为了达成和解，继续退让，先是提议以从北面流入石勒喀河的绰尔纳河为界，俄方不允；后又提出北面以注入石勒喀河的格尔必齐河为界，南面以额尔古纳河为界，戈洛文才勉强同意。对中方提出的划分俄国新占领的西伯利亚与毗邻的喀尔喀之间的边界问题，戈洛文则借口沙皇并无指示，且喀尔喀已为噶尔丹占领，清朝无资格与俄国谈判此问题，予以拒绝。

由于俄国的这一态度，清方不得不放弃与俄国谈判清俄中段边界的打算。噶尔丹入侵喀尔喀虽然使清政府在尼布

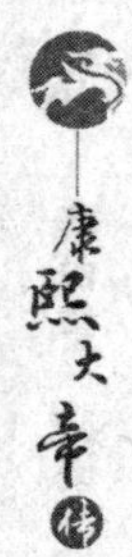

楚谈判中处境被动，但俄方也并非没有不利之处。首先是俄国在西伯利亚兵力不足；其次喀尔喀部大量南迁，使俄国看到蒙古的人心所向。此外在谈判的关键时刻，有600~700喀尔喀蒙古人对俄国占领下的尼布楚发动了进攻，欲投奔清政府使团，尼布楚周围的布里亚特人由于不堪忍受沙皇的残暴统治，纷纷起义，并要求与清朝使团联合进攻尼布楚。再加上俄国为夺取黑海出海口正与奥斯曼帝国作战，也不能兼顾东方。以上因素促使戈洛文不再犹豫，同清政府签订了中俄《尼布楚条约》。

1689年9月7日，中俄双方举行隆重的签字仪式，索额图和戈洛文先在条约上签字、盖章，然后宣读誓词，相互交换条约。这个条约就是《尼布楚议界条约》。为表示庆贺，双方互赠礼品，还举行了盛大的宴会。

条约内容如下：

（1）从黑龙江支流格尔必齐河到外兴安岭、直到海，岭南属于中国，岭北属于俄罗斯。西以额尔古纳河为界，南属中国，北属俄国，额尔古纳河南岸之黑里勒克河口诸房舍，应悉迁移于北岸。

（2）雅克萨地方属于中国，拆毁雅克萨城，俄人迁回俄境。两国猎户人等不得擅自越境，否则捕拿问罪。十数人

以上集体越境须报闻两国皇帝，依罪处以死刑。

（3）此约订定以前所有一切事情，永作罢论。自两国永好已定之日起，事后有逃亡者，各不收纳，并应械系遣还。

（4）双方在对方国家的侨民“悉听如旧”。

（5）两国人带有往来文票（护照）的，允许其边境贸易。

（6）和好已定，两国永敦睦谊，自来边境一切争执永予废除，倘各严守约章，争端无自而起。

康熙二十八年七月二十四日。

条约有满文、俄文、拉丁文三种文本，以拉丁文为准，并勒石立碑。碑文用满、汉、俄、蒙、拉丁五种文字刻成。

根据此条约，俄国全部占领黑龙江流域的阴谋破产，但与大清帝国建立了贸易关系。此条约以外兴安岭和额尔古纳河为界划分俄国和中国，但没有确定外兴安岭和乌第河之间地区的归属，因为外兴安岭在乌第河源处分成南北两脉，南脉在河南入海，北脉沿北海上行在白令海入海。清朝所提的是乌第河以北、北主脉往南的地方属于争议地区，回去禀报后再议。

1693年，俄国派使节赴北京觐见要求通商，由于其使节行三拜九叩礼，康熙皇帝非常高兴，特准俄国在北京建“俄

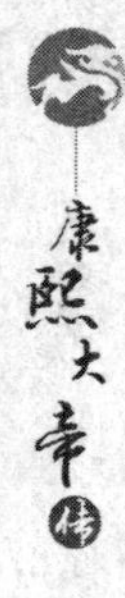

馆”，每三年可以派200人商队入京逗留80天，其他国家不得享受此待遇。

1858年的瑷珲条约和1860年的北京条约取代此条约，确立了俄国和中国的现代疆界。

《尼布楚条约》是中国与外国划定边界的第一个近代主权国家间的条约。签订这个条约的中国政府是清朝廷，但使用的国名是中国。比如，中国首席代表索额图的全衔是“中国大圣皇帝钦差分界大臣议政大臣领侍卫内大臣”，就是说，他是中国皇帝钦差，行使中国主权。《尼布楚条约》对疆界划分与两国人民归属的称谓，使用的是“中国”与“中国人”来称呼。这是以国际条约的形式第一次将“中国”作为主权国家的专称。

康熙二十八年（1689年）中俄《尼布楚条约》的订立，使中国东北边疆获得了一个较长久的安宁。

但是，俄国从来没有放弃侵占黑龙江地区的野心。中俄《尼布楚条约》签订后不久，沙皇彼得一世就叫嚷：“俄国必须占领涅瓦河口、顿河口和黑龙江口。”俄国女皇叶卡捷琳娜二世公然要把夺取黑龙江作为俄国“远东政策的中心”，沙皇尼古拉一世上台后，发誓要“实现他的高祖父和祖母的遗志”。在沙皇的旨意下，俄国军政界“收复黑龙江”的叫嚣日甚一日。

不过，从全局来看，清政府以局部利益换取了统一北疆的全局利益，使统一的多民族国家得到进一步发展。

第五章 亲征噶尔丹，进兵入藏

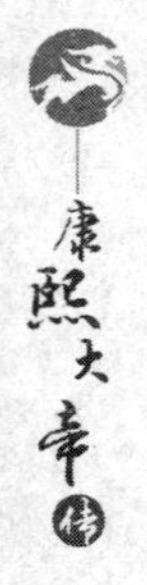

噶尔丹崛起，蒙古内乱

清初，在中国西北方的蒙古族可以分为漠南蒙古、漠西厄鲁特蒙古和漠北喀尔喀蒙古三大部落，漠南蒙古我们常称为内蒙古，漠北喀尔喀蒙古，我们常称为外蒙古，他有土谢图汗部、车臣汗部，札萨克图汗部和赛因诺颜部四大部；漠西厄鲁特蒙古也分为准噶尔部、和硕特部、杜尔伯特和土尔扈特部四部，他们世代居于我国西北广袤的土地上，一直是中国重要的民族之一。

清朝与蒙古族之间有着很深的渊源，在清兵入关前，漠南蒙古便已归附，且与满族保持通婚，孝庄太后便是科尔沁部人，喀尔喀蒙古和厄鲁特蒙古各部，也一直与清廷保持密切的关系，且时常向清廷进贡，他们的各部落首领在任免时也必须要得到清廷的同意。然而，这一世代友好的关系却因为噶尔丹势力的扩张而受到破坏。

噶尔丹生于顺治元年（1644年），为准噶尔部著名首领巴图尔珲台吉第六子。漠西蒙古族自古居于天山之北、阿尔泰以南，世代游牧，其中和硕特部游牧于乌鲁木齐地区，准噶尔部游牧于伊犁河流域，杜尔伯特部游牧于额尔齐斯河两岸，土尔扈特步游牧于雅尔一带，各部落之间互相独立，各自为政，号为“四卫拉特”，四卫拉特在汉语中就是西蒙古的意思，四卫拉特之间存在一个松散的联盟，他们会推举出一个盟主，在几大盟主中，和硕根特部势力最强、出生最高贵，所以四卫拉特的盟主的职位一直交给和硕根特部首领。

准噶尔部到了噶尔丹之父巴图尔珲台吉开始强盛起来，也开始不断骚扰三部，导致土尔扈特部五万余帐远走俄罗斯，和硕特大部也离开乌鲁木齐，到达青海，这样，阿尔泰山和伊犁河一带的主要势力就只有准噶尔和杜尔伯特部了，巴图尔珲台吉趁机继续扩张，并将这一领域内没有迁走的居民全部控制，逐渐独占西蒙古。

康熙四年（1665年），巴图尔珲台吉去世，他的儿子僧格嗣位，康熙十年（1671年）年，准噶尔内部发生暴乱，首领僧格被杀，次年，噶尔丹自西藏返回，击败政敌，夺得准噶尔部统治权。这一过程是血腥且残忍的，噶尔丹杀车臣汗，囚禁了自己的叔父，杀了堂兄巴哈班第，才夺得了最后的成功。

噶尔丹是个志向远大的人，他的理想是统一蒙古、成就大业。青年时即赴西藏“投达赖喇嘛，习沙门法”，颇得

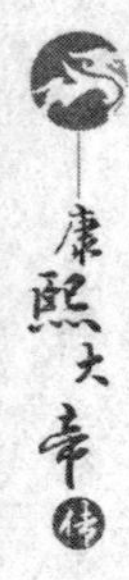

达赖五世器重，曾授予呼图克图尊号。但噶尔丹并未潜心于佛门之道，而是“不甚爱梵书，惟取短枪摩弄”，并与当时西藏的实权人物第巴桑结嘉措相交甚密。即在西藏期间，噶尔丹也未脱离卫拉特蒙古的政治生活，不时返回准噶尔参与其兄僧格的政治、外交活动。据俄国档案记载，1668年4月6日，噶尔丹在僧格驻地自己的帐内，设宴招待了正在准噶尔访问的俄国使者伯林，并不顾当时僧格要求俄国归还属民捷列乌特人的强硬立场，向伯林表示：我们“卡尔梅克人和台吉们在任何地方都不要发动对皇上陛下的战争。没有什么必要保护我们那些已经迁往皇上陛下那边去的捷列乌特人”。

康熙十年（1671年），准噶尔部首领僧格在内讧中被杀，消息很快传到西藏，噶尔丹在西藏僧俗上层全力支持下，日夜兼程返回准噶尔，临行“达赖喇嘛多秘语，膜拜别”。噶尔丹在僧格旧部和卫拉特蒙古著名首领楚琥尔乌巴什、鄂齐尔图车臣汗的支持下，投入了这场上层统治集团的权力争斗。

噶尔丹上台之后，不断扩大自己的势力，康熙十六年，他率兵攻占了西套，袭杀“卫拉特”首领，也就是他的岳父额齐尔图车臣汗，自立为汗，并逼迫各卫拉特服从自己。

在执掌最高统治权后，噶尔丹即召集谋臣，商议巩固权

力，扩大势力的方略。他第一步要做的就是先统一天山北路之卫拉特蒙古诸部，进而出兵天山南路，统治回疆，以确立准噶尔在天山南北广大地区的有效统治。

康熙十二年（1673年），噶尔丹借口其从兄第巴噶班第与僧格有隙，发兵讨伐巴噶班第及其父楚琥尔乌巴什，但出师不利，兵败受挫，求庇于鄂齐尔图车臣汗。不久，噶尔丹又与鄂齐尔图车臣汗反目为仇，康熙十四年（1675年），鄂齐尔图车臣汗与楚琥尔乌巴什联兵进攻噶尔丹，但失败。次年，噶尔丹主动出击，擒获楚琥尔乌巴什，杀其子巴噶班第，迫使巴噶班第之子憨都逃往额济纳河。接着又于康熙十六年（1677年）正月二十日，噶尔丹“自斋尔的特莫火拉地方向鄂齐尔图车车臣汗发起攻击”“戕鄂齐尔图，破其部”。鄂齐尔图车臣汗的部众部分为噶尔丹所并，部分逃到青海、甘肃交界处，其妻多尔济拉布坦则率少数随众逃往伏尔加河畔的土尔扈特汗国。噶尔丹实现了“胁诸卫拉特奉其令”的目标。

康熙十八年（1679年）七月，噶尔丹领兵3万，“将侵吐鲁番，渐次内移，往后西套，前哨已至哈密”，迫使吐鲁番、哈密臣服，准噶尔势力已伸展至甘州（今甘肃张掖）一带，“驻屯在甘州附近撒里维吾尔族地方的军队征收硫黄、

倭铅等贡赋”。同年，以“西域既定，诸国咸愿奉为汗，噶尔丹乃请命达赖喇嘛，始行，卜先克兔汗”。达赖喇嘛五世应噶尔丹之求，赠“博硕克图汗”号，噶尔丹成为自也先称汗后，两个多世纪以来绰罗斯家族自称汗的唯一封建主。

噶尔丹第二个战略步骤是征服天山南路的回疆地区。此时，统治天山南路的察合台后王势力已衰，维吾尔族的封建势力——和卓势力日益强大，和卓势力中分成了白山派和黑山派，彼此利害冲突，严重对立。黑山派在察合台后王伊思玛业勒支持下，把白山派首领和卓伊达雅图勒拉（即阿帕克和卓）驱逐出喀什噶尔，和卓伊达雅图勒拉无处存身，在中亚一带浪迹近10年，由克什米尔辗转进入西藏，找到了达赖五世，不久和卓伊达雅图勒拉拿着达赖五世的信件投身噶尔丹麾下。达赖五世给噶尔丹的信中这样写道：“你亲自领兵，收复暴君统治的那些城池，让阿帕克和卓登上王位，然后你再返回原地”。

康熙十九年（1680年），噶尔丹派出12万准噶尔骑兵，经阿克苏、乌什等地向喀什噶尔、叶尔羌进军，准噶尔铁骑在当地白山派教徒的响应下，横扫南疆，将察合台后王伊思玛业勒及其家属囚禁于伊犁，扶植和卓伊达雅图勒拉为王，称阿帕克和卓（意为世界之王）。自此以后，准噶尔贵族统

治南疆达80余年之久。

此时，在与清廷的关系中，噶尔丹一面扩张，一面藐视但仍臣服于清廷，康熙十年（1671年）正月，噶尔丹继僧格成为准噶尔首领后，即向清政府上疏，要求承认其继僧格之位的合法性，这一要求得到了清政府的确认。之后，噶尔丹几乎每年遣使进贡，并上奏汗国内重大事宜。康熙十六年（1677年），噶尔丹攻杀鄂齐尔图车臣汗后，遣使献俘及"以阵获弓矢等物来献"，康熙拒受献物；但对每年常贡之物照例收纳。康熙十八年（1679年），又遣使禀告已接受达赖喇嘛所授之博硕克图汗号，请求承认，并进贡锁之甲、鸟枪、马、驼、貂皮等物，清政府收受其进贡方物，但不承认其汗号，拒绝授予汗印，不过，在事实上是默认了噶尔丹是卫拉特诸部首领。当时清政府正忙于讨伐"三藩"，因此，对远处西北的噶尔丹，只求其表面上的臣服，并无更多政治上的要求。

康熙二十年（1681年）之后，噶尔丹又连年向西扩张，1682—1683年，噶尔丹率骑进攻哈萨克的头克汗（又称梯亚甫迦汗，1680—1718年任部落首领，其父杨吉尔汗曾于1643年大败巴图尔珲台吉），头克汗用计诱噶尔丹军人城，待雪夜哈萨克援军一到，内外夹击，准噶尔骑兵猝不及防，马匹

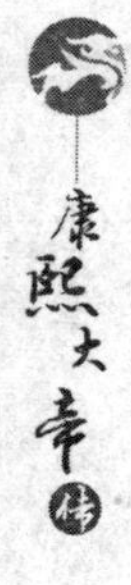

陷入雪坑，死伤过半。噶尔丹虽“丧师返国，未尝挫锐气，益征兵训练如初”，并遣使警击，“汝不来降，则自今以往，岁用兵，夏蹂汝耕，秋烧汝稼，今我年未四十，迨至于发白齿落而后止”。次年，噶尔丹再发兵，攻下塔什干、赛里木等城市，擒获头克汗之子作为人质，押往西藏，“以畀达赖喇嘛”。之后，准噶尔兵锋直抵黑海沿岸的诺盖人部族聚居区——“美人国”。1683—1685年噶尔丹与费尔干纳的布鲁特人、乌兹别克人进行战争。1683年秋在远征布鲁特人时，其部队到了帕米尔的穆尔加布河，甚至远征到了萨雷阔里山。不久，准噶尔骑兵又占领了费尔干纳。

到17世纪70年代末，噶尔丹“近攻计”的战略目标均已实施，西征也取得了可喜的战绩。此时，噶尔丹已将准噶尔的政治中心转移到了伊犁河谷，冬营地则有额尔齐斯河（也尔的石河）、博尔塔拉等地。此时准噶尔的统辖地域，北鄂木河，沿额尔齐斯河溯流而上，抵阿尔泰山，西抵巴尔喀什湖以南哈萨克人的游牧地，东达鄂毕河。准噶尔还统治了天山南路的南疆地区，并将自己的势力扩展到撒马尔罕、布哈拉、乌尔根齐地区，1691年，噶尔丹还派人到西伯利亚叶尼塞河流域的图巴河沿岸图巴族聚居区活动。

为了达成自己统一蒙古的目的，在向西扩张的同时，噶

尔丹还沟通沙俄，噶尔丹对沙俄既表示友好和接近，也不时借贡民问题作为要挟筹码，以便从沙俄处获取更多的支持。当时双方人员往来频繁，据一位西方学者统计，1674—1681年，除1680年外，噶尔丹每年均遣人前往俄国。沙俄想利用噶尔丹实现其侵略我国西北地区的野心，而噶尔丹则想利用沙俄力量来牵制清政府，实现其一统蒙古的政治图谋，这就是双方互相接近、进而勾结的共同政治基础，无怪一个老牌的俄国汉学家把噶尔丹称为俄国的“天然同盟者”，并承认沙俄与噶尔丹“久已建立了友好关系。”

而此时的噶尔丹，认为自己已经实力强生，可以东进，与清廷一较高下了。

乌兰布通之战

早在康熙十七年（1678年），噶尔丹以和硕特是卫拉特蒙古一部，理应归他统辖为理由，准备进军青海，这一消息很快被康熙知晓，康熙马上下令甘肃提督张勇敕军队严加防范，同时对噶尔丹发出警告，让他立誓永远不可骚扰百姓，彼时的噶尔丹实力还不足，不敢贸然出兵，不过他从这次清

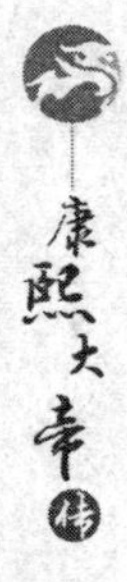

廷的表现中明白一点，青海和硕特与清廷之间关系密切，甚至应该是依附的关系，噶尔丹如果出兵，清廷绝不会坐视不理，所以，噶尔丹也就暂时放弃了进军青海的计划。

康熙二十七年（1688年），噶尔丹率领3万大军，越过杭爱山，向漠北喀尔喀蒙古地区进攻。由于噶尔丹派遣的千余名喇嘛作内应，土谢图汗仓促迎战，初战即失利，噶尔丹的骑兵乘势击溃车臣汗和扎萨克图汗两部，大肆掠夺土谢图汗和哲布尊丹巴·呼图克图的牧地，致使喀尔喀蒙古诸部蒙受空前浩劫，举部内迁，“溃卒布满山谷，行五昼夜不绝”。此时的康熙仍然希望通过调停的方式和平解决这一问题，他提出可以在清官方的主持下进行一次和谈，和谈会邀请达赖喇嘛的代表、使噶尔丹和喀尔喀蒙古坐在一起，土谢图汗谢罪，准噶尔撤兵，归还喀尔喀蒙古土地人民。

然而，康熙的努力也是徒劳的，噶尔丹根本不听劝阻，而是继续南犯，在鄂罗会诺尔击溃了土谢图汗主力，无奈，土谢图汗与喀尔喀蒙古宗教领袖哲布尊丹巴，带领一众参与内附清廷，请求清廷的保护。

噶尔丹则坚持要惩处挑衅者。康熙遣使的目的，就是要准噶尔放弃惩处，与喀尔喀达成和平。阿喇尼随身带去了康熙给噶尔丹的信，在信中，康熙先是表示统御寰宇，率土

生民，“皆朕赤子”，要一体同仁，而蒙古内部也应彼此和好，共享安乐，然后是对于责任的认定与提出化解冲突的办法：

“喀尔喀为尔所败，其汗、济农、台吉等率举国之人，前来归朕，朕矜其流离穷困，虽向非属国，而随属国之列，诚心职贡。且追念彼为元之苗裔，穷而来归，即以所属待之。朕统御天下，来归之人，若不收抚，谁抚之乎。故受而安插于汛界之外，其穷困人民，赈以米粮，而严责其兴戎之罪……战争非美事，辗转报复，将无已时。仇雠愈多，亦不能保其常胜。是以朕欲尔等解释前雠，互市交易，安居辑睦，永息战争。特遣使赍旨前来，汝果遵朕谕旨，自今以后，各守疆界，不兴兵戎，既不失辑睦之道，而两国人民，亦免涂炭。”

然而，噶尔丹非但不听劝，气焰反而更嚣张，康熙二十九年（1690年），噶尔丹依仗沙俄的支援，接口追击喀尔喀蒙古，举兵南下，深入内蒙，大肆屠戮当地人民、劫掠人畜物资。清朝理藩院尚书阿喇尼汀知晓后违令请战，但在乌尔会河被噶尔丹打败，战事甚至逼近乌兰布通，据北京只有700里，城内人心惶惶。

此时的康熙，刚刚完成了《尼布楚条约》的签订，加上

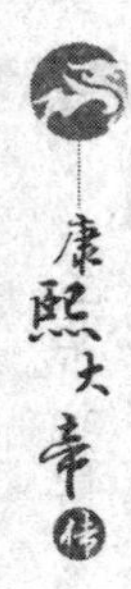

三藩已平、台湾也已统一，37岁的康熙俨然已成为一名老练的政治家，在经过一番深思熟虑后，他决定开始解决准格尔部的问题。

康熙很明白，噶尔丹之所以有一步步扩张的“动作”，很大程度上是仰仗于沙俄的支持，如果要解决噶尔丹的问题，首先要和沙俄交涉，稳住沙俄，避免沙俄干涉。而俄方经过前几年和清廷的多次交战，已了解大清实力不可小觑，所以在几次交涉后，俄方开始有所顾虑，也逐渐不再向噶尔丹提供任何兵力上的协助，在经济、武器等当面也只给一些有限的援助，而最为关键的一点是，沙俄临时取消了原本打算卖给噶尔丹的三千支滑膛枪的决定，这对后面的战事结果起到了很大程度的影响。

稳住沙俄，无疑是切断了噶尔丹的后方支援，在此之后，康熙寻找一切可以削弱噶尔丹势力的方法，比如，清方成功策反了随军出征的噶尔丹的侄子策妄阿拉布坦，这样，策妄阿拉布坦趁着噶尔丹战于乌兰布通时，独自率五千人返回了准噶尔部根据地伊犁河领域，并将噶尔丹派来的追兵击杀，噶尔丹后勤补给来源也被大幅限制了，这都给了嘎尔丹极大的打击。

另外，康熙迅速调兵遣将，力图平定噶尔丹。为此，康熙动员十万大军，不过，其实颇有辅兵、后勤军队，战兵仅五万而已。为了确保万无一失，康熙还要求东北方向进行动员，盛京和科尔沁蒙古出兵两万（战兵1万，辅兵1万）参与夹击。但实际上，因为路途遥远，东北方向的军队压根没能来得及赶到战地附近。

5万大军分两路出塞，皇兄和硕亲王福全为抚远大将军，皇长子胤褆为副将，率兵3万为左路军，出古北口；命皇弟和硕恭亲王常宁为安北大将军，简亲王雅布、信郡王鄂札为副将，出喜峰口，率兵2万为右路军。

陪同出征的，还有皇帝的舅舅、内大臣佟国纲、佟国维，内大臣索额图、明珠等朝廷重臣。临行前，康熙帝还作壮行诗一首："获丑宁遗类，筹边重此行。据鞍军令奏，横槊凯书成。烟火疆隅堠，牛羊塞上耕。遐荒安一体，归奏慰予情。"

清军方面，福全率军在乌兰布通40里开外扎营，营盘四十座，连营六十余里，阔二十余里，"首尾联络，屹如山立"。清军各路参战部队，除科尔沁方向部队和盛京部队外，于七月下旬先后到齐，清军加上厮役在内，大约10万人。

八月下旬，阿尔尼也率领残部3000人与福全会合。

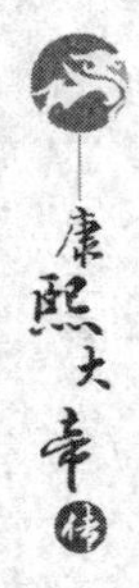

至于康熙大帝本人，本来想要御驾亲征，但八月二十二日因为遭受风寒，身体发烧，一直到二十七日也未痊愈，加上诸大臣的请愿，只好回朝养病。

两军交战，噶尔丹自恃背靠沙俄，十分狂妄，根本不把清军放在眼里，他将万余骆驼缚蹄卧地，背负木箱，蒙以湿毡，环列为营，名为“驼城”，自以为十分坚固，无法攻破。

决战时，清军以炮火为前锋，对着敌军阵地，进行炮火猛攻，杀声震天，战斗从下午一直打到晚上。据传教士张诚的记载，双方当日以大炮火枪互轰开始，激战竟日，以双方士卒肉搏为止。

清国舅、都统佟国纲率左翼兵，绕过湖泊，沿河冲锋，身先士卒，冲击驼城，被准噶尔军以俄国滑膛枪击毙。其弟佟国维由山腰冲入，炮击驼城，驼惊，准军大败。噶尔丹兵奔往山顶大营，当夜逃遁，同时派人议和。福全中计，令各路领兵大臣“暂止追击”。噶尔丹仅率数千人得以逃回科布多。

噶尔丹回撤的路上不幸暴发了瘟疫，损失了几千人，比被清军打死的还多。此战，清军同样也损失惨重。康熙在回京后思量，他认为没有充足的物力、财力保障，噶尔丹的问

题都无法彻底解决，所以他一面积极做物质上的准备，一面继续对噶尔丹进行剿抚并用。

再度亲征，平复蒙古

在乌兰布通之战中，虽然清方取得了胜利，但是因为没有生擒噶尔丹，康熙帝感到很遗憾。不过他依然在积极部署，且准备了六年，就是为了彻底解决噶尔丹的难题。康熙三十五年（1696年）二月、九月、康熙三十六年（1697年）二月，康熙三度亲征噶尔丹，足可见康熙解决这一问题的决心。

再说噶尔丹，自康熙二十九年在乌兰木通战败后，他虽曾向清廷认罪立誓，上书请降，但反叛之心并未改变。不久又在科布多（在今蒙古国西部）集合旧部，并向沙俄乞援，企图重整旗鼓，东山再起。

康熙三十四年九月，噶尔丹率骑兵3万，攻入喀尔喀蒙古车臣汗部，随后沿克鲁伦河（今蒙古国境内）东下，进抵巴颜乌兰（今蒙古乌兰巴托东南，克鲁伦河上游）。扬言过冬后，将借俄罗斯鸟枪兵6万，大举内犯。

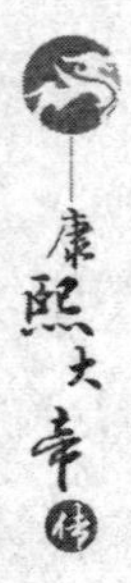

在这种形势下，康熙帝召集群臣商议此事，只有极少数人赞同征讨噶尔丹的主张，八旗满洲王公大臣皆畏怯退缩，反对用兵，康熙也了解群臣们的顾虑，他说："朕亲历行间，塞外情形，知之甚悉。自古以来，所谓难以用兵者是也。其地不毛，间或无水，至瀚海等沙碛地方，运粮尤苦。而雨水之际，樵爨颇难，区画不周，岂可妄动。"但是康熙也知道，一旦噶尔丹得逞，他就会肆无忌惮继续扩张，且会严重威胁到清朝统治。于是，康熙决定，亲征噶尔丹。康熙三十五年二月，他下令发兵10万，分东、中、西3路进击。由黑龙江将军萨布素统兵9000组成东路军，越兴安岭，出克鲁伦河，侧击准噶尔军；由抚远大将军费扬古统兵4.6万组成西路军，由归化（呼和浩特）、宁夏越过沙漠，沿翁金河北上，切断噶尔丹退路；康熙帝自率3.4万人组成中路军，出独石口（今河北省赤城北），经克鲁伦河上游地区北上，切断噶尔丹退路，与东西两路军夹击噶尔丹军。

不过群臣都担心康熙此次御驾亲征的安全，为了避免让皇帝和噶尔丹正面交锋，大臣们谎称："传闻噶尔丹亡去已远，皇上当徐徐归还，使西路兵前进。"康熙听后勃然大怒，斥责道："不知道你们将朕看成了什么人，我太祖高皇帝、太宗文皇帝深入行伍，如今才有了现在的根基，朕能退

缩吗？我师既已到此，噶尔丹指日可擒，而且大将军费扬古于朕已约期夹击，如果朕现在班师回朝，西路军何去何从？回京如何对天下交代？”

五月初七，探子来报，称噶尔丹的确切位置已经锁定，康熙即亲率大军向克鲁伦河进发。

谁知，看到康熙御驾亲征，且率领十万大军，他心生畏惧，竟乘夜西撤。康熙帝即命马思喀为平北大将军，坐镇巴颜乌兰地区；令费扬古西路军截准噶尔军退路，设伏袭击；命内大臣明珠尽运中路军之粮以济西师。旋自率前锋追击三日，至拖诺山（巴颜乌兰东）而返。准噶尔军退至特勒尔济（今乌兰巴托东南）时，仅剩万余人。

五月十三，清军西路进抵昭莫多，距特勒尔济30里扎营。费扬古以逸待劳，将东阵兵陈于山上，一部沿土拉河布防于西，骑兵主力隐蔽于树林中，以孙思克率绿营兵居中，旋派400精骑至准噶尔军营地挑战，诱其入伏。噶尔丹果然将万余骑全部出击，追至昭莫多，即向清军阵地猛扑。清军居高临下，依险俯击，弩铳迭发，藤牌兵继之，每进则以拒马木列前自固。准噶尔军初战受挫，乃下马力攻，冒矢铳鏖战，伤亡甚众，仍不退兵。费扬古见其后阵不动，知为妇女和驼畜所在，即令一部迂回横冲，一部袭其后阵，准噶尔军

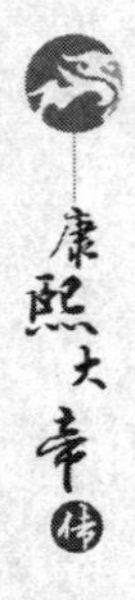

顿时大乱。扼守山顶的清军乘势奋击，上下夹攻，斩杀3000余，俘获数百人。噶尔丹妻阿奴可敦率队冲锋，战死。噶尔丹仅引数十骑西遁，余部逃散。这就是历史上著名的“昭莫多大捷”。

为了尽早擒拿噶尔丹，康熙着手重新部署西北军，让孙思克和博霁率兵和驻扎在西宁的幅都统阿南达会合，于西北各组亲密合作，令阿南达于土尔扈特部、和硕特部、准噶尔部、哈密回部各台吉头人等，四面甚至哨卡，进而形联合防线，以阻止噶尔丹再次西讨。

十一月初七，阿南达接到密报，说噶尔丹方面将会派信使前往西北联络部署，后阿南达派人截获这名信使，并从信使所携带的信中得知噶尔丹托达赖喇嘛照看其子塞卜腾巴尔珠尔，根据信中提到的情报，请方面周密部署，终于在哈密附近抓到了噶尔丹之子塞卜腾巴尔珠尔。

此事的噶尔丹陷入了孤立无援的境地，他的亲信头目如阿喇卜滩、格垒沽英等先后降清，另一个亲信吴尔占扎卜则指噶尔丹“如不降，当另图一策，首鼠两端，而待毙乎”，而噶尔丹除埋怨“初不欲来克鲁伦地方，为达赖喇嘛煽惑而来，是达赖喇嘛陷我，我又陷尔众人矣”外，也一筹莫展。当时留在噶尔丹身边的仅有阿拉尔拜、讷颜格隆二人，“余下不及百人，其有余者，人各有马驼二、三，而止有一马者为多，无马者近三十人，牛羊则全无，捕兽而食，不获兽则杀马驼以食”。

然而，噶尔丹岂会心甘情愿投降，在西方的一则文章里这样记载：“（康熙）皇帝后派去了两个准噶尔人，他们也被（噶尔丹）接见了，他们向他报告了帝国的实力以及被俘人员等如何在中国得到了一个舒服的收容所。当然，所有这些话，那个骄傲的首领，是听不进的。据说，他一言不发地中断了接见。很明显，他绝没有泄气”。

康熙三十六年（1697年）三月初，噶尔丹流窜到阿察阿木塔台地方，“噶尔丹所，有诺颜格隆阿喇儿拜，下有一百余”。噶尔丹还“曾遣人约丹济拉，会于阿察阿木塔台”，据一个卫拉特俘虏口述：“噶尔丹下人，但捕兽为食外，并无余物，视众人形状，窘迫已极，问其马亦甚瘠，膔大者少云。”

康熙除了让孙思克、傅霁二人率所留之兵驻守甘州外，还让由费扬古率领喀尔喀、黑龙江和察哈尔兵，以及蒙古各旗汗王、贝勒、贝子、台吉等情愿效力者，出宁夏至郭多里巴尔哈孙之地。噶尔丹的侄子策妄阿拉布坦也同阿玉哥分别出兵于阿尔泰山以南驻扎，安岗设哨，准备力擒噶

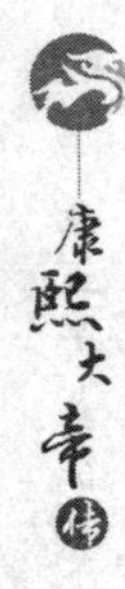

尔丹。

康熙帝向来喜欢照顾与进剿并驾齐驱的方法，于是，康熙帝再次遣使持敕谕招降。敕谕的内容主要有三点：

其一，令噶尔丹速来请降，拖延有害无益；

其二，达赖喇嘛早已圆寂，噶尔丹一直以护法为由不过是欺骗大众；

其三，噶尔丹想要逃亡的目的地，也皆已被清政府知悉。

同时，还谕令厄鲁特和丹济拉众台吉、寨桑等，促其速降，并表示对一切归降者，清廷将妥善安抚，使其得所。诸方事宜基本安排就绪后，康熙继续深入前线战场。

闰三月十五日，康熙率众以银川为出发点，沿黄河西岸北进，二十九日抵达船站，亲送八旗前锋兵和黑龙江兵起程。

四月初一日，康熙阅鸟枪兵，送绿旗兵出征。吸取首次亲征西路军粮饷不继导致士兵饿死的教训，康熙下令将五百石米存于狼居胥山附近的驿站，同时调来一千四百多匹战马，为返回的部队补给粮草马匹。一切就绪，噶尔丹插翅难逃，康熙预言道："噶尔丹无所逃矣，或降或擒或自尽，否必为我所擒。"

此时，因京中还有颇多事宜需要处理，于是康熙于四月七日班师回朝，不出所料，山穷水尽的噶尔丹“惊闻清军到来，寝食俱废，反复思维，无计能逃”，终于在闰三月十三日于阿察阿穆塔台饮药自尽。噶尔丹终以悲剧英雄划出了自己政治生命的最后一个句号。

随后，丹济拉等人携噶尔丹的骨灰和噶尔丹之女钟齐海，率三百户归降清朝，康熙闻讯后大为经系，立刻命费扬古选带精兵前往米丹济拉处，押护前来，其余的东路军和西路军则全部撤回，平定噶尔丹叛乱取得了最终的胜利。

议政王大臣的奏请下，康熙行拜天礼，朝中众文武大臣行庆贺礼。康熙亲著《剿灭噶尔丹告祭天坛文》，概括了三征噶尔丹的经过，并简要总结了剿灭噶尔丹的经验：

第一，他充分肯定了三征之必要性，虽然是皇帝亲征，但屡屡遭到大臣们的反对，他不得不独断专行，但事实证明，“塞外情形不可臆度，必身历其境乃有确见”；

第二，三次亲征在时间上未间断，未给敌人过多的休养生息的时间；

第三，前方军队和后方粮草供应一定要衔接上，今后若有兴师之举，也应效法此举；

第四，对蒙古的统治关键在于控驭有道；

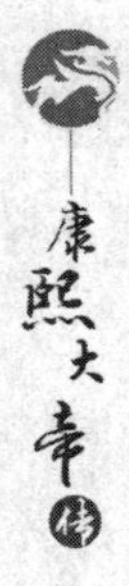

第五，在用人遣将方面，他认为被委派的将领要有见机行事的能力，不可行动迟缓，更不可操之过急。

康熙三次亲征朔漠，终于平定了准格尔部噶尔丹的分裂势力，扫除了西北地区的不安定因素，巩固了北方边防；同时又以亲善和睦的民族政策较为妥善地处理了蒙古各部盟同清政府之间的关系，实现了漠北蒙古的统一，加强了中央政府对厄鲁特蒙古和喀尔喀蒙古的统一管辖，稳定了当地的社会秩序。这使我国的北方边境重获宁谧，同时还为进一步团结蒙古，保卫国家的领土完整和人民的安全，筑成了一道抗击沙俄侵略的有力屏障，对于抵御外敌侵犯有重要的意义。

康熙三十六年（公元1697年），清政府将喀尔喀蒙古各部遣送回他们原来的牧场，又在乌苏里台和科布多等处设立将军和参赞大臣，加强对蒙古地区的管辖。

第六章 『全能』皇帝，好学慎独

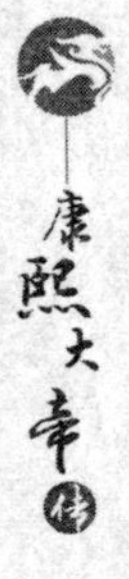

多才多艺的康熙帝

康熙少年时登基，一生文治武功，创下不少丰功伟绩，其实，他不仅是出色的政治家、军事家，还是多才多艺、饱读诗书的“全能型”人才。五岁时，他就开始进入书房读书，且日复一日地坚持，常废寝忘食、用心苦读，他对自己读书的要求也很高，在读私塾的时候，他必须要达到完全能逐字逐句背出来才肯罢休，后来康熙在成年后依然坚持这样的读书习惯，在后来要求皇子读书时也是如此；康熙也很喜欢书法，他每日坚持练习书法千余字，寒来暑往，从未间断。

登基之后，他在读书学习方面更是刻苦，甚至达到了咯血的程度。他读书是为了能从古代帝王将相身上学习到治国经验，读书经常手不释卷，在出巡途中，或者游玩，都不忘读书，除此之外，他还经常写文章、赋诗，这一习惯坚持到花甲之年。康熙帝在六巡江南的时候，给很多经典题词作赋，例如，他就曾为镇江金山龙禅寺题词“江天一览”等。

他曾多次举办博学鸿儒科，创建了南书房制度，并亲临曲阜拜谒孔庙。康熙还组织编辑与出版了《康熙字典》《古今图书集成》《历象考成》《数理精蕴》《康熙永年历法》《康熙皇舆全览图》等图书、历法和地图。

康熙对西方文化也十分感兴趣，向来华传教士学习代数、几何、天文、医学等方面的知识，并颇有著述。康熙对基督教也很有好感，后来康熙逐渐发现罗马教廷试图过多地干预清朝政治，并且在皇子信仰基督后以此作为争权夺利的工具，遂开始有所抵制天主教。也有人指出康熙对科学的所谓兴趣，一方面是用来炫耀，另一方面是当玩具供他个人取乐消遣的意思。而不是用于实际需要。

亦有学者指出，有才华的传教士被皇帝欣赏和重用，西方先进的科学技术也被推崇和应用。而在民间，民人与西方传教士能够互相交游，西学在社会中得以自由传播，亦指出分别由康乾敕辑的丛书——《古今图书集成》和《四库全书》也收录了传入中国的西方科学技术。

康熙除了学习西方科技之外还会应用实践，其最突出的成就，就是在发现原来的地图绘制方法相对落后之后，用科学方法和西方仪器绘制全国地图。康熙亦会利用巡行和出兵之便，实地测量，吸取经验。在康熙四十六年（1707年）委任耶稣会士雷孝思、白晋、社德美及中国学者何国栋、明

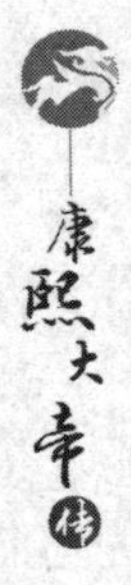

安图等人走遍各省，运用当时最先进的经纬图法、三角测量法、梯形投影技术等在全国大规模实地测量，并于康熙五十七年（1718年）绘制成《康熙皇舆全览图》，其作被称为当时世界地理学的最高成就，英国李约瑟称其为不但是亚洲当时所有的地图中最好的一幅，而且比当时的所有欧洲地图都要好、更精确。

康熙还以巡视之便访求民间的有才之士，例如将在数学方面有很大成就的梅毂成调进宫中培养深造。梅毂成亦通过学习西方数学知识，重新令在明朝被废弃的中国古代数学受到重视。

康熙对于宗教基本上是宽容的，不仅仅是满洲的藏传佛教信仰，他也大致接受基督宗教传教士讲道，还褒封道教白云观方丈王常月，并依于门下。

康熙时文字狱则相对有所减轻，比较著名的有《南山集》案。戴名世仅仅因为赞同方孝标给南明正名的观点，结果就被斩首，家人好友等也被牵连为奴。还有朱方旦案、王锡侯案，以及亲政前鳌拜等顾命大臣发起的《明史》案。

康熙一生勤奋好学，他博览群书，对于天文地理等方面的知识都有所涉猎，在数学物理、天文历法、医学、书法、诗画等方面，他都做过系统的研究，写过不少关于自然科学方面的论著；他是满族人，但是他同样学习汉族文化，也学习多种语言。

康熙是个十分注重健康的人，他一直坚持锻炼身体，如打猎、摔跤、骑马等，晚年时，他曾告诉别人：我自小开始，用弓箭或者鸟枪一共射死老虎135只，熊20只，豹25只，麋鹿14只，狼132只，还有其他很多种类的野兽，最高纪录的是在一天之内射猎兔子318只。

康熙帝不仅治国有方，而且治家严谨，在清朝历代皇帝中，康熙帝的子女是最多的，他有36个儿子，20个女儿，97个皇孙，他最为看重的就是子孙后代的教育问题，他使用多种教育方式，包括言传身教、督促子女多读书、让子女参加祭祀狩猎等活动，事实证明，康熙的教育方式是成功的，他的子女都是才能出众的，出类拔萃，皆为国之栋梁。

康熙规定，他的皇子皇孙们必须从六岁开始就要到书房学习，学习的内容有满文、蒙古文、汉书，一年之中，只有两个半天可以休息。正是由于康熙让皇子皇孙严格地遵守自己制定的教育制度，所以无论是后来的雍正还是乾隆，都是非常杰出的皇帝，康熙也是康乾盛世的开创者。

康熙一生在位61年，活到69岁，是多才多艺的“全能皇帝”，是中国古代帝王中的佼佼者。

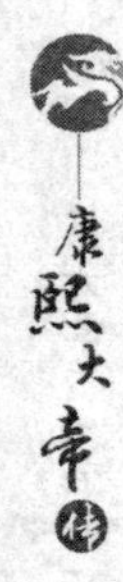

初创密折陈奏制度

清朝是中国历史上最后一个封建王朝，延续了二百多年，但是清朝的君主专制制度发展到了顶峰，而康熙就是清朝君主集权的重要推动者。康熙从亲政前的智擒鳌拜、平定三藩，再到后来的取消大臣辅政制度，都是为了独揽大权，后来康熙手下再也没有一手遮天左右天下的大臣。康熙亲政之后，将内阁的职能明确了下来，内阁的权力也随之加强，负责处理日常的政务等，但行政大权始终掌控在自己手里。

康熙帝亲政以后，重新将内三院改为内阁，内阁负责处理日常政务的职能进一步明确下来，随之而来，内阁权力有所加强，因而出现了明珠、徐元文、李光地等在朝中有一定影响的大学士。然而，明珠等人绝不可能危及皇帝的绝对权威。具有明确权力意志的康熙皇帝始终坚持将政务大权牢牢控制在自己手中，康熙帝称："今天下大小事务皆朕一人亲理，无可旁贷。若将要务分任于人则断不可行"。而在军机处设立以前，内各部门只是负责承接书旨，内阁是只服务于皇帝一人的机构，并不是一个独立的权力系统，清朝时期的内阁体现的就是皇帝的意志，是皇权的产物和工具。

为了加强皇权统治，康熙初创密折陈奏制度，密折是将

奏文写在折叠的白纸上，再装入特制皮匣的奏折，外人无从得知。密折制度始于康熙晚期，完备于雍正朝。

康熙帝曾言：“令人密奏并非易事。偶有忽略，即为所欺。”且必须亲自为之，不可假手于人，一切听闻皆可上报。写毕将奏文写在折叠的白纸上，再装入特制皮匣，皮匣的钥匙只有两把，一把在上奏折官员手中，一把由皇帝保管，除此之外，任何人都无法开启。官员自派亲信家人送抵京城，不可扰累驿站，直达御前，并由皇帝亲自批答。

清朝采用密折制度，允许和鼓励四品以上的中央和地方官员，直接向皇帝递密折。密折制度的积极作用有以下几点：

一是使朝政进一步黑箱化，增添皇权的神秘感。

二是起到了使官员、尤其是同僚，相互告密的作用。如一省之内，督抚、布政使、按察使、道台都可以独自上折密奏，那么谁还有胆量背着皇帝做不臣之事?密折制度使同僚变成了“特务”，谁都有打小报告的可能，自然是防不胜防，于是只好老老实实。

三是大幅提高了行政效率，皇帝对密折的重视程度高，有着优先御览的特权，真正实现了及时的下情上达。

四是实行密折制，等同于广开言路，群臣可以直言进

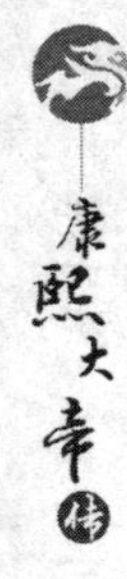

谏，使大臣们相互牵制，加强了皇权。

五是密折奏事的权利只有得到皇上宠信的人才能享有，臣子们为了获取皇帝的信任，纷纷献媚，进一步加强了君主专制。

在密折制对加强皇权有着积极作用的同时，也存在不少消极的作用。

一是让广大臣僚用密折言事，其本身就具有鼓励臣下告密之意。这种专制制度扼杀人的主观能动性和创造性，扼杀新生事物的成长。当时除了雍正的少数几个心腹大臣稍敢勇于任事外，广大臣僚都人人自危。

二是众多臣僚用密折言事，所言内容彼此都不得而知，某人即使被诬陷也无处申诉，再加上雍正与众臣僚的关系亲疏不一，有人自恃与雍正关系较密，借以挟持上司或他人。

三是广大臣僚可以用密折越级言事，必定会引起上下猜疑，不利于政务的推行，这也不符合层层负责的科学管理思想。

在文化方面，为了加强皇权统治，同时也是为了加深对百姓的思想统治，康熙大兴文字狱，对知识分子进行思想打压，著名的“明史案”和“南山集案”均是由康熙制造。

“明史狱”的具体情况如下：

朱国桢乃明末宰相，其从朝廷退下来以后著有《明史》稿一部，清兵入关后，朱氏后人将书稿卖给庄氏，庄氏乃当地富庶人家，在得到书稿后，又请人将明末崇祯一朝历史补上，并请人整理作序，命名为《明史辑略》，并署名庄氏族人。在该书中，在阐述明朝在辽东与满人交战时，仍用明时语言习惯，沿用明朝年号，且在始终称入关的大清先祖和清兵为“贼”，对清室先世也是不加尊称而直呼其名，等等，在清统治者看来，这无疑是“诋毁清朝”的“十恶不赦”之罪。因此，在这起案件中，凡涉及此书的人，包括整理、润色、作序的人，及其姻亲，无不被捕，每逮一人，则全家男女老小全部被捕。与此书相关的一些人，如刻板、校对、印刷乃至购买和藏书的人，也是被株连。入狱者多达2000余人，审讯后定死刑70余人，其中18人被凌迟处死，行刑时人头落地，血肉横飞，场面惨不忍睹，按照大清律法，各犯之妻、妾、媳、女及15岁以下之子、侄、孙等没官为奴及徙边者无数。这是清朝一宗大案，发生在康熙二年。

如果说，“明史案”发生时康熙还未亲政，不能把责任推到一个小孩子头上的话，那么发生在康熙五十年（1711年）的《南山集》文字狱，康熙就是罪魁祸首了。

戴名世很有才华，门人尤云鄂为戴刻了《南山集》，集

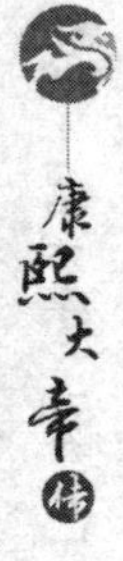

中引用了方孝标的《滇黔纪闻》中若干内容。这《南山集》并无攻击清朝的文字，仅仅是在记述明弘光帝逃亡南京事，用了“永历”的年号。不过当时已是大清当道，明朝早已灭亡，再使用明朝年号，就是反清举动，最终，《南山集》一案株连戴、方（苞）两家，三代之内，年16岁以上者俱处死，母女妻妾及15岁以下之子孙俱给功臣家为奴。此外，刻印者、作序者等无一幸免。

正因为文字狱过于严酷，康熙年间许多文人“以文为戒”，生怕一不小心触犯忌讳，所以诗不敢作，文不敢写，即使写出来，都言不由衷，词不达意，晦涩难懂。乾隆时御史曹一士曾上疏说“比年以来，小人……往往挟持睚眦之怨，借影响之词，攻讦诗书，指摘文字。有习见事生风，多方穷鞫，或至波累师生、牵连亲故，破家亡命”。这便是当时的恐怖现实。

可以说，文字狱是封建专制主义空前强化的产物，其根本目的是要在思想文化上树立君主专制和满洲贵族统治的绝对权威。这种文字狱造成了极其严重的社会后果，影响了中国社会的进步和发展。

为了强化统治，除字狱外，康熙还吸取了明朝东林党的教训，禁止创立书院，同时，为了禁锢知识分子的思行，

还禁止言论和出版自由，在民间的一些出版商所能出版的也只有出版一些与科举制度有关的书籍，如果违反，则严惩不贷。因此，在康熙在位的很长一段时间内，清朝文化都陷入了长期的沉寂状态。

教育方面也是如此，清廷规定，在学校所讲解的儒家经典书目，必须要以宋儒朱熹所诠释的范本为一举，其他得全部被禁止，科举考试制度必须完全严格按照宋儒得集注，通过科举制度让读书人只写八股文，以此来禁锢读书人的思想，这种愚民政策所造成的文化专制，完全扼杀了读书人的额自由精神和独立思想，当历史进入18世纪，西方各国已经先后挣脱封建制度的锁链，走上资本主义道路，政治、经济、科学、技术等都在迅猛发展。而我们，由于特殊的历史环境和现实的种种原因，仍然顽固地紧闭着与西方交流的大门，而且蛮横地推行文化专制主义政策，消除异端，禁锢思想，统制言论，维护封建统治，直接地、人为地造成整个社会的落后，拉大了与西方的差距，阻碍了中国社会的进步和发展。

尊崇陈朱理学

康熙是个热爱读书的皇帝，他曾经说：“我从八岁开始阅读典籍，每天都与讲师讨论典籍，并抒发议论，并不敢因为内容晦涩而停下，也不敢因为外界之事而放弃读书，始终坚持，几十年如一日。”由此，我们可以看到康熙读书之勤奋，而在诸多的典籍学说中，康熙最为推崇的是陈朱理学，尤其是朱熹的学说，康熙曾说：“一生读书五十载，只认得朱子所做何事。”

康熙五十一年（1712年），康熙下了一道谕旨：“我喜欢读书，且喜欢背诵出来，我经常看到历代文人们注释的义理词句中有欠缺的地方，会被后人批评，但只有宋朝的大儒朱熹对群经进行了注释，阐述了经书中的道理，他的著作和编纂的图书，都很精确，说理也中正透彻，迄今为止虽然已经五百余年，但是依然无人敢妄加批评，我认为自从孔孟之后，朱熹是在这一方面造诣最高的人。”康熙在位期间，他曾将朱熹升配大成殿东序得第十一哲，从此以后，朱熹被抬高到空前的历史地位。

对于朱熹的评论，康熙曾写过这样一段文字：“在朱熹的文章中，我们能看到忠君爱国的告诫，文章言论中充满了浩然正气和宇宙间的大道理，我阅读朱熹的书，能清晰地感受到书中的道理，如果我不读他的书，是无法了解到天地之间还有这么多自然的道理，也不可能将国家治理得如此兴旺，更不可能在全国范围内实行仁政，也不可能天下太平。”

对于书中的经验和理论，康熙会根据具体情况加以应用，如果对大清的统治有帮助的，他会大力提倡，而如果是不利的，则会曲解书中的点，让这些言论符合清朝统治，这样能帮助自己更好地控制臣民的思想。对于书中提到的忠君思想，康熙会大力宣传，同时，他还将元朝统治时期的妥协思想发挥到极致，将其作为清朝统治的思想工具，而对于理学中对清朝不利的言谈和反对夷狄的思想干脆避而不谈，这一套思想能完全将清朝入关说成顺应天道，将清政权说成得到天下正气的正义之师，如果有人反抗，就是大逆不道、违背天意。

为了充分利用理学作为思想的统治工具，同时为了笼络人心，康熙不但自己勤奋阅读，还要请当时的大师们和自己探讨理学的问题，康熙在教育子女时也经常用理学大师们的理论，也将陈朱理学中的注解作为各级学校和科举考试的必考内容。

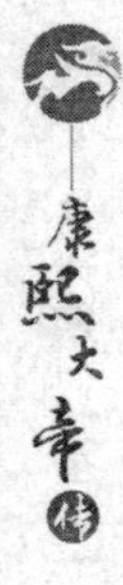

从某种程度上说，康熙推崇陈朱理学并不完全是为了加强思想统治，康熙一生都在追求君子之道，讲究慎独的行为准则，而这一点与朱熹的“存天理、灭人欲”思想是不谋而合的。

对于理学，康熙也有着自己独到的见解，关于理的存在形态，康熙说，“夫理，语大，乾坤莫能载；语小，乾坤莫能破。”理的存在是大而无外、小而无内，无所不在而变化无穷。“散之万物，归于中。”“理具于万物之中，同时万物之理又统一于天理。”“日用平常见于事物者，谓之理。”理存在于人们生活之中，这样，人就有了明理的可能性。明理的方法就是格物致知，“非格物致知，穷其理之至当者，即理在眼前而不识也。”

康熙虽大力推崇理学，但由于理学禁锢了人们的思想、停滞不前，因此，理学逐渐衰落下来，随着清朝初期封建小农经济的发展以及资本主义萌芽的出现，以及生产力与生产关系的变化，随之带来的是人们的思想水平的提升，陈朱理学随之衰落。

陈朱理学的衰落表现在以下几个方面：

第一，空谈之风盛行，道学家们言行不一致，他们一边倡导修身养心，另一边又成为豪强恶霸欺压百姓，表现出极

其虚伪的一面；

第二，当时的理学家们喜欢阿谀奉承、拍马屁，道貌岸然；

第三，随着清朝的发展，理学并没有进步，而是停滞不前，根本没有一点创新，逐步走向衰亡。

系统化学习西学

有人说，康熙帝是近代自然科学的先驱者，堪称当时自然科学的专家，而康熙帝对于西学的兴趣是从一场天文争论中开始的。在这次争论中，他被西学所深深吸引。

在顺治帝时，曾经采用以西法修订的《时宪历》，这一措施引起了当时保守派强烈的不满，大臣们纷纷上书反对。康熙三年（1664年）十一月，鳌拜集团下令逮捕担任钦天监正的德国传教士汤若望，还包括其助手外国传教士南怀仁等，凑巧的是，此时京师上空出现了一颗彗星（古代称为扫把星），被视为不祥之兆，彗星过后，出现了一场席卷全城的沙尘暴，就连刑部也到处都是沙尘。

看到彗星和沙尘暴带来的影响，刑部为了迅速处理，于

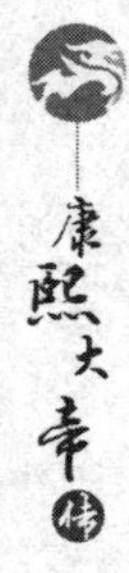

是命南怀仁等在狱中从牢窗小孔计算下下一次日食的时间，并令不同学版运用各自的方法来计算，进而看看哪种方法更为精准。

当时，中国天算家给出的预告是两点十五分出现日偏食，而阿拉伯天算家则说是两点三十分出现日偏食，而耶稣会神甫则说是三点出现。听到三种预测不通的结果，朝内的一些官员们都感到很好奇，他们聚在天文观象台上，都想弄清楚到底谁的计算方式更先进。

大家都屏气凝神，只见天空中的影子越来越大，慢慢地整个太阳都被遮住了，正好在三点钟的时候日全食发生了，看来是欧洲神甫的预测是对的，他们发出的预报正是日全食，而其他学派发出的预告则是日偏食，大统历和回历的预报结果都是错误的。于是，康熙请求孝庄出面干涉，让鳌拜集团释放了汤若望等人。

这一事件让康熙对西学产生了很大的兴趣，后来，传教士南怀仁等应召觐见。康熙在政务繁忙之余，会抽出一些时间与他们讨论问题，康熙还向欧洲传教士们系统地学习数学、天文学、历法、哲学甚至炮术实地演习。

康熙对西学表现出极浓厚的兴趣，他认真听，且不断练习，甚至亲自绘图，传教士们也对康熙孜孜不倦的学习态度折服。曾在一位传教士的日记中有这样一段评价康熙学习西学的文字：

“他阅读了我们用鞑靼文写出的定律，令我们解释给他听。皇上在透彻理解之后，把我们所讲，亲自动笔写了一遍，竟与我们的口授相符，只有名词和文理稍微变动。”

在数学方面，他有自己的独著《御制三角形推算法论》，并且在这部著作中阐明了自己的观点：西学中源。尽管康熙非常爱好西学，且学习各种西学知识，但在康熙看来，西学只能作为一种业余爱好，西学不过是业余消遣，而且他还坚持认为西学的诸多成就来源于中国。

地理方面，1708年由康熙帝下令编绘，让传教士率队进行全国地图测验，以天文观测与星象三角测量方式进行，采用梯形投影法绘制，比例为四十万分之一，完成了《康熙皇舆全览图》，这是我国首次在实测基础上绘制的全国地图，此图历时近十载绘制精细，测量准确，是当时我国一幅最精确的全国地图。

几何学方面，据传教士白晋记载，康熙先后把欧几里得的《几何学原本》前前后后熟读了12遍以上，把巴蒂氏的《实用及理论几何学》读完之后，就基本掌握了几何学原理。

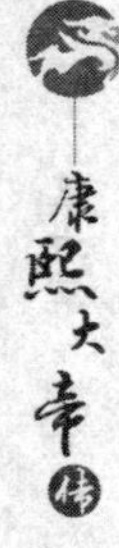

此外，康熙还编撰了集当时的天文、数学、乐律的大型巨著《律历精蕴》，集地理、生物知识等多学科为一体的《几暇格物编》，该书记载了康熙对于树木、药材、物产资源、山野动物、江河鱼类、风云雷电等自然知识的了解和研究。

他的老师白晋对康熙给予了很高的评价：“他生来就带有世界上最好的天性。他的思想敏捷、明智，记忆力强，有惊人的天才。”

而以上这些学习任务都是他在繁忙的政务之余、利用闲暇之间完成的，可见其学习之勤奋，同时还能有这样的研究兴趣和实证精神，将所学付诸实践，那么，对于如此热衷于西学的康熙，为什么没有让西学为己所用，也没有带领中国走向繁荣富强呢？

下面这段话可以说是很形象地描述了他内心对西学真实的态度：

天文历算，为王朝定鼎制历之所需；西洋铳炮军器，为护卫王朝“百年之国祚”之所需；钟表器物，则为圣躬赏玩之所需。

也就是这些“技能”方面的东西，都是可取的。但是学习他们一方面是为了满足自己的兴趣，另一方面是为了从中吸取相关的维护统治的知识，技能背后所隐藏的学术成分，是不被允许传播的，这也在一定程度上可以解释我国古代有四大发明，但却没有看到四大发明最后应用到生活中的原因了。

因此，我们可以说，尽管康熙是西学的爱好者和追求者，但他并没有将西学发扬和推广到社会中，他只是闭门造车，只是在业余研究他的个人兴趣爱好，这也使整个中国的近代化比欧洲列强要晚了两三百年。

第七章 一生得失，千秋功过

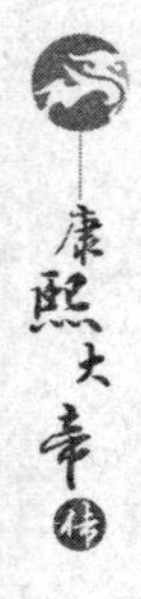

励精图治，政绩斐然

康熙帝从8岁登基，14岁亲政，16岁智擒鳌拜，再到平三藩之乱、平定噶尔丹、遏制沙俄对东北地区的侵略以及签订《尼布楚条约》，保证了国家边境的安全与和平。为了加强民族联系，康熙还在承德修建了避暑山庄，还建立了一套会盟制度，通过这些手段维护了多民族国家的稳定，为国家民族大业做出了巨大的贡献。

康熙的一生可谓是励精图治、政绩斐然，他将自己和自己所统治的整个时代紧紧联系在一起，并对后世产生了深远的影响，巩固和加强了中国的统一。

自康熙时期至19世纪中期，我国在北起外兴安岭，南至南沙群岛的曾母暗沙，西起巴尔喀什湖和帕米尔高原，东抵鄂霍次克海、库页岛和台湾广大而神圣的领土内，实现巩固了全国的统一，加强了中央集权，成为当时世界上强大的国家。

康熙顺应了历史发展的需要，进行一系列统一战争，使局势趋向稳定，清政府大为巩固，又通过一系列的文治，促进了经济、文化的发展，使人民过上了和平生活。

康熙在位61年，重视经济恢复和发展，在经过一系列经济政治上的措施后，清朝成为了当时世界上幅员最为辽阔、经济最富庶的帝国。清初人口数量从明末的五六千万急剧下降，顺治十八年（1661年），全国人丁统计数字为1913万，而到了康熙十八年（1679年），全国人丁统计数字为2462万。不过，这只是丁数，而不是人口总数。

康熙使中国的疆域进一步扩大，他平定内乱、收复台湾，康熙统治期间的清朝，疆域东起大海，西达葱岭，南抵曾母暗沙，北至外兴安岭，西北疆域达到了巴尔喀什湖，东北达到了库页岛，整个大清王朝统治区域下的总面积达到了一千三百万平方公里。

政治上，康熙亲政不久后，便宣布停止圈地，放宽垦荒地的免税年限。他还着手整顿吏治，恢复了京察、大计等考核制度。为了防止被臣下蒙蔽欺骗，康熙还亲自出京巡视，了解民情吏治，其中最著名的是六次南巡，此外还有三次东巡、一次西巡，以及数百次巡查京畿和蒙古，此举极大的促进了康熙对民情的了解，他还亲自巡视黄河河道，督察河工，并下令整修永定河河道。

康熙晚年倦勤，导致官吏贪污，吏治败坏。康熙四十九

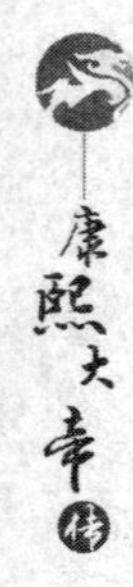

年（1710年），御史参劾户部堂官希福纳等侵贪户部内仓银六十四万余两，牵连的官吏多达112人。康熙说“朕反复思之，终夜不寐，若将伊等审问，获罪之人甚多矣”。最后只把希福纳革职，其余官吏则勒限赔款。

在文化上，康熙强调兴礼教。他在康熙十八年下诏说：“盛治之世，余一余三。盖仓廪足而礼教兴，水旱乃可无虞。比闻小民不知积蓄，一逢歉岁，率致流移。夫兴俭化民，食时用礼，惟良有司是赖。”康熙自幼就对儒家学说充满浓厚兴趣，认为“殊觉义理无穷，乐此不倦”。康熙十六年（1677年）十二月，他在御制《日讲四书解义序》中，明确宣布清廷要将治统与道统合一，以儒家学说为治国之本。

经济与民生

康熙在位期间，连年征战，需要庞大的开支，为此，康熙采取了一系列的促进经济发展的措施：

公元1669年，康熙就下令废止代表农奴制生产方式的圈地，但受到鳌拜等人的阻止，成效甚微。康熙又于公元1685年第二次下令禁止圈地，使大批土地回到农民手中。同时，康熙采取了奖励垦荒的措施，而且还规定新开土地不准圈占，还发布命令，承认部分中小地主和农民对明代废藩土地的所有权，即改为“更名田”，自己开垦的土地归自己所有。康熙还十分注意边远地区的开垦，鼓励人民前往云南、四川、贵州等地开荒。在康熙奖励垦荒政策的推动下，在他统治期间，全国耕地由527万顷增加到851万顷。与此同时，康熙又下令减轻赋税，对赋税制度进行重大改革，规定全国赋税以康熙五十年为准，以后所增人口不再多征，称为“盛世滋丁，永不加赋”。康熙末年，在四川、广东等省又实行“摊丁入亩”“丁随地起”的办法，后来推广到全国。

康熙还完整地继承了顺治时期的“一条鞭法”。什么是“一条鞭法”呢?

明代嘉靖时于地方试行新法，以各州县田赋、各项杂款、均徭、力差、银差、里甲等编合为一，通计一省税赋，通派一省徭役，官收官解，除秋粮外，一律改收银两，计亩折纳，总为一条，称一条鞭法。

一条鞭法是明代官员桂萼所创。桂萼积极主张均平赋役和清丈土地。久任地方熟知下情的桂萼悉心研究基层政权下的赋役之法，看到了业已推行的均徭法和十段册法的局限性。均徭法中的户等划分标准很不一致，户等一样，而实际

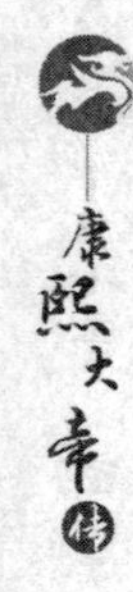

丁产可能相去甚远；户等一样就要承担同等的差役。

明代行一条鞭法，清代继续施行，部分丁银摊入田亩征收，部分丁银按人丁征收。到乾隆时通行全国，摊丁入亩后，地丁合一，丁银和田赋统一以田亩为征税对象，简化了税收和稽征手续。

清初，为适应封建经济的发展和政治需要，清廷对赋税制度进行了改革。取消了明末各种加派，重新恢复了万历时张居正的一条鞭法：

（1）合并赋役，将田赋和各种名目的徭役合并一起征收，同时将部分丁役负担摊入田亩；

（2）将过去按户、丁出办徭役，改为据丁数和田粮摊派；

（3）赋役负担除政府需要征收米麦以外的，一律折收银两；

（4）农民及各种负担力役户可以出钱代役，力役由官府雇人承应；

（5）赋役征收由地方官吏直接办理，废除了原来通过粮长、里长办理征解赋役的“民收民解”制，改为“官收官解”制。

但限于当时客观条件，一条鞭法实行的并不彻底，康熙帝在康熙五十年先进行小幅度改革，固定人丁数，以后“滋生人丁，永不加赋”。雍正帝继位后，实行地丁银制，把丁税平均摊入田赋中，征收统一的地丁银。地丁银制的推行，一定程度上废除了汉唐以来的人头税，农民对封建国家的人身依附关系进一步松弛，农民人身地位提高。按田亩纳税，使无地农民在法律上不再纳税，赋役不均的现象有所缓和，有利于社会生产的发展和社会安定。另外，隐蔽人口的现象减少，人口统计相对客观、真实，这也是乾隆时我国人口骤增的因素之一。

康熙还实行不定期的蠲免赋税的政策。

康熙从平定三藩到收复台湾，再到征战噶尔丹、俄罗斯，无不需要大量的经济供应，而财政收入的一大源头就是税收，为配合战，康熙在财政措置上采取了一系列的非常措施，实施多项的、大规模的加征。清廷还开捐纳以筹集军费。这些捐纳所需之银，实际上还是转嫁到劳动者身上，由百姓来负担。

在这样的背景下，康熙为了巩固自己的统治，决定实行的蠲免政策，初期主要集中在对积欠的免除和对零星灾害的蠲免上，基本上是被动地免除因赋额过重实际上不能征取到的积欠，或因灾害失去征税基础而承认既存事实，对钱粮予

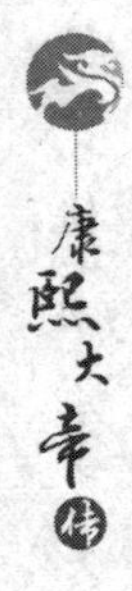

以减免。

康熙四十九年（1710年）冬天，康熙下诏将第二年全国的钱粮一概蠲免，根据史料记载，康熙三十年（1691年），康熙免除天下钱粮2759万多两，康熙在位的61年，政府蠲免钱粮共计五百多次，免除天下钱粮共计银两1.5亿两。

清代康熙蠲免政策作为一项重要的经济政策，无论是规模还是数量都是历史之最，达到中国古代蠲免发展的鼎盛时期，尤其康熙一朝，蠲免钱粮数量之多，规模之大，影响之远，超过历史上任何朝代，因而成为研究者的关注对象，同时康熙朝蠲免钱粮也从侧面反映了盛世之下康熙帝的仁爱百姓之心和为政从宽的治世风格，为研究康熙帝和清朝的赋税制度提供巨大的借鉴。

这一系列措施的施行，有效地促进了经济的恢复和发展，维护了社会的安定，奠定了康乾盛世的基础。

治理黄河、兴修水利

黄河是中国的母亲河，华夏文明起源于黄河流域。福兮祸所伏，上古时代人们就开始苦于黄河水患，因此，大禹治水的传说一直伴随着我们古老的文明成长。在传说中，大禹治水一改之前“堵”的策略，而是改为疏导河道，从而解决困扰华夏族的大问题，并且以此功劳成为天下共主，开创了夏朝。

自清朝建立开始，黄河问题也一直令清政府头疼不已，黄河大水给两岸的百姓造成了巨大的损失，增加了社会上的不稳定因素，因此，黄河问题一直以来都是国家的隐患。康熙亲政后，更是十分重视黄河的治理，把“河务”“漕运”“三藩”三件事写在宫殿的柱子上，时刻提醒自己，他认为这是自己最重要的三项工作。

到了康熙年间，已经是“到处溃决”，特别是在徐州以下，包括徐州、淮安、扬州三地，本来是漕运必经之地，但因为漕运和黄河交叉，同时淮河也在这一区域（洪泽湖）和黄河交汇入海。大量淤泥汇集于此，堤岸崩塌，黄河阻塞，造成当地河道严重受损、河水倒灌。扬州、淮安本是极其富庶之地，但发展势头也一年不如一年。其中，以清河县最为严重。

康熙本是个有为之君，只是之前受鳌拜等人压制，等他亲政后，便认为河务是一等一的大事，只有处理好河务，天下百姓才能安定，于是他下定决心，治理河务。康熙曾说：

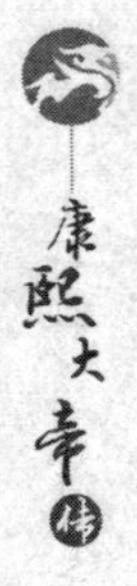

"朕观黄河，自宿迁以至清河（县），皆为紧要。虽有遥堤一层恐未足捍弊水势，因否于遥堤之外在筑遥堤。"（出自《清圣祖实录》卷39）

当时康熙亲政不久，对于河务并不十分熟悉，但他根据河图能够发现如此关键问题，其实已经非常不易。康熙十五年，黄河汛期来临，康熙正担心黄河泛滥，结果很快，江南奏报：淮扬等处堤岸溃决，田地淹没。康熙急令户部侍郎伊桑阿前往视察，最后查出河道总督王光裕玩忽职守，康熙大怒不已，立即将王光裕革职问罪，然后派遣安徽巡抚靳辅来主管河道。

靳辅（1633年—1692年12月26日），字紫垣，辽阳州（今辽宁辽阳）人，隶汉军镶黄旗，清代大臣，水利工程专家。

康熙十六年七月十九（1677年8月17日），靳辅一连上八道奏折。史称"治河八疏"，就是将黄河、淮河、运河视作一个整体，全盘考虑防汛、减灾、通航、漕运等事宜。具体方法是：疏浚淮河、黄河的入海口，使得水流畅通；然后开挖宿迁至淮安的水道（中河），把黄河和运河分流，减轻高邮湖的水势压力；改下埽为打桩包土堵决。

清水潭工程进行期间，靳辅是吃住都在工棚，严查工程质量，遇有偷工减料、弄虚作假，随即返工，对责任人是严惩不贷，除了杖责后枷号河堤外，还要赔付返工的全部费用。

康熙十八年（1679年），清水潭工程竣工，只花了9万两白银。此后十多年没有决堤，彻底改变了高邮湖年年修缮、年年溃决的历史。此后，靳辅在张家庄运口经骆马湖，沿黄河北堤的背河，再经宿迁、桃源，到清河仲家庄开了一条名为“中河”的新河，使黄、淮、运分流，避免黄河漕运一百八十里之险。

靳辅的治河之策虽然取得了很大的成绩，但却遇到了极大的困难，因为接着又遇到了两次大水，治理中的河道再次决口，这成为他人全盘否定靳辅治水功劳的借口。

康熙二十一年（1682年），康熙派遣的户部尚书伊桑阿前往治理现场，监督治理的成就，当看到再次决堤的河道时，伊桑阿联名上书康熙，提出了治河的失败。

由此双方展开了激烈的争论，到最后演变成双方利益的争夺，一方是治河的实际实施者，另一方是治理的监督管理者，都想独占大权，这一点康熙无法容忍，便罢免了靳辅等一批官员。

靳辅被罢官后，康熙仔细研读了他的治河经验，同时也

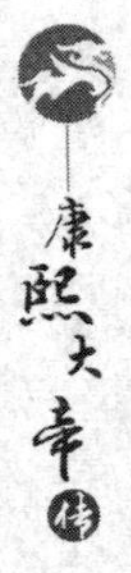

将前任的治河实践融入进去，形成了自己新的见解："上河既理，则下流自治。"这里的上河说的是北方河水泛滥的地方，而上河的关键问题就是如何解决黄河倒灌的问题，"今淮水势弱，不能制黄，全注运河，黄水又复灌入"，运河水无法将淮河和黄河同时注入的水流，便会大量排入下河地区，这便造成了淮州、扬州一代的水患，要解决这一问题，只有太高洪泽湖水的水位，使集中于洪泽湖的淮水"三分入运河，七分归黄，运道始安"。

聪明好学的康熙思考再三形成了治河的新思想，他将这些思想告诉了于成龙等大学士，这些大臣们一致同意，于是，在康熙三十八年（1699年）康熙南巡的过程中做了详细的规划和部署。

康熙的第一步措施是"深浚河底"。在康熙看来，黄河总是泛滥的原因有两点，第一是"底高""湾多"，所以导致各处受险，康熙告诉治河的大臣："治河上策惟以深浚河为要，诸臣并无言及此者，诚能深浚河底，则洪泽湖水直达黄河，七州县无泛滥之患，民间田产自然涸出，不治其源，徒治下流，终无益也。"

如何达到深骏河底的目的呢，康熙翻阅了大量从前的资料得知，"宜于清口西，数曲处试行浚直，河直则溜自急，溜急则沙自刷而河自深”，即拆除拦黄坝。康熙帝命从速拆除云梯关附近的拦黄大坝，浚直海口河道，使黄河直流入海，增强水势，冲刷泥沙。

康熙下的第二步措施是修改清口。康熙在察看黄河时发现，除了河道的水位高低上下不等外，黄河和淮河交汇的地方还非常直，这也是导致黄河倒灌的直接原因之一，所以，康熙提出：“宜将黄河南岸近淮处河堤东延二三里，筑令坚固，淮水近河之堤亦拓筑使之斜行，会流则黄河之水不致倒灌入河矣。”康熙一针见血地提到了治河的首要问题——解决黄河倒灌的方法。

康熙的最后一个措施是拆毁拦河大坝，引水归江。康熙帝命：“挑引从惠济祠后入河，而运河再向东斜流入惠济祠交汇，黄水自然不倒灌”。

由于康熙积极治理黄河，在康熙当政以及后世的很多年里，黄河基本上没有出现过很大的水灾了，这为以后的兴修水利打下了良好的基础，也为“康乾盛世”的出现奠定了基础。

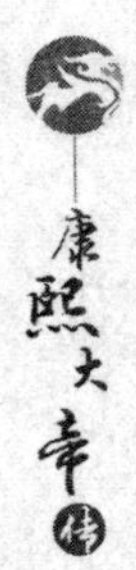

九子夺嫡

康熙的儿子有二十四个，谁来继承大统是不可避免要考虑的问题，九子夺嫡就是这一问题演变的结果，康熙的二十四个儿子中，其中有九个参与了皇位的争夺。九个儿子分别是：大阿哥爱新觉罗·胤禔、二阿哥胤礽、三阿哥胤祉、四阿哥胤禛、八阿哥胤禩、九阿哥胤禟、十阿哥胤䄉、十三阿哥胤祥、十四阿哥胤禵。最后四阿哥胤禛胜出，在康熙帝去世后继承皇位，成为雍正帝。

康熙的九个儿子分成了众多党派：

1.大千岁党

“大千岁党”以皇长子胤禔为首，为首党人就是大学士明珠，此人还是胤禔的亲舅舅。其他党人有大学士余国柱、户部尚书福伦等人。

康熙的长子胤禔，为惠妃纳兰氏所生。惠妃在康熙的后宫并不算出名，可她的长兄纳兰明珠是康熙的手下大将，当年就是他力主撤藩灭掉吴三桂的。明珠的儿子纳兰容若更是有名的大人物。不过康熙的长子却没有如此智慧，虽然早年比较得宠，在康熙平定葛尔丹的时候立下过赫赫战功，但本人却显得十分愚钝，康熙并不喜欢，他也自知无望，向康熙提议八阿哥胤禩，理由是“术士张明德尝相胤禩必大贵”，胤禩小时候被大阿哥的母亲惠妃抚养，故大阿哥与其感情较好，不过，大阿哥密信喇嘛，为了当上皇帝，竟然想到了用魇镇的方法来谋害当时的皇太子——他的亲兄弟胤礽。康熙一废太子的时候，他竟然说出来要替皇上杀了胤礽的话，让康熙十分心寒。

2.太子党

顾名思义，“太子党”以皇太子胤礽为首。

康熙十三年（1674年），康熙将出生不久的胤礽立为太子，胤礽是康熙的而第二个儿子，乃康熙结发之妻赫舍里氏所生，在赫舍里氏因难产而亡后，康熙对胤礽十分疼爱，悉心培养。

胤礽天资聪颖，是诸师父口中赞不绝口的完美学生。他六岁就傅，十三岁出阁读书，自此经常在文武百官面前讲解儒家经典，而且娴于骑射，可谓文武双全。

为了培养太子，康熙破格树立皇太子的权威，让他结交汉族名家与外国传教士。值得一提的是，在与诸洋人的交往中，大清储君的翩翩风度同样让外国人刮目相看。

青少年时的胤礽为人贤德，谦恭礼让，且有很高的治国天赋，代父听政期间，能力非凡，“举朝皆称皇太子之

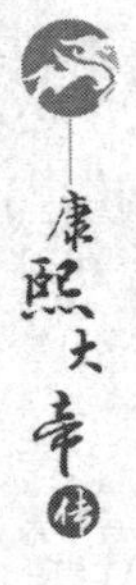

善”，康熙自己也说太子办事“甚周密而详尽，凡事皆欲明悉之意，正与朕心相同，朕不胜喜悦。且汝居京师，办理政务，如泰山之固，故朕在边外，心意舒畅，事无烦扰，多日优闲，冀此岂易得乎？”

康熙过早确立皇太子，且给予太子临政、领兵的特权，这便必然导致太子周围形成一群阿谀奉承之人，结党营私，而康熙对太子的特殊关爱甚于诸皇子兼其弄巧成拙，给予诸皇子兵政大权，这必然引发诸皇子与皇太子之间矛盾丛生。据载，胤礽诸兄弟中，唯有与皇三子胤祉保有较好的关系。

不得不提的是康熙帝对胤礽的骄纵与溺爱：默许索额图所定规格几乎与皇帝等同的皇太子仪仗、冠服（只有尺寸有些许裁剪）；特意安排太子乳公凌普做内务府总管大臣；纵容儿子挥霍浪费，擅取国帑，譬如历次外出巡游，太子所用皆较皇帝上乘，东宫内花销也高于皇帝。太子脾气暴躁，随意鞭挞诸王、众臣，康熙却加以包庇，甚至“以身作则”处置忤逆太子的人；默认私生活不检的太子放肆地广罗美女、豢养面首……总之，皇太子胤礽的一切过错在康熙处均能得到包庇，康熙不厌其烦地选撤太子的侍从，因为他坚信自己儿子是没错的，唯有儿子身边的小人教唆坏了太子。长期的姑息养奸，使高高在上的胤礽逐渐养成了不可一世、蛮横无理的性格，之前的君子气度已荡然无存，变得乖戾暴躁，四周早已树敌无数。后来康熙帝更是训斥他“不法祖德，不遵朕训”。

“太子党”首脑人物是索额图。索额图是康熙幼年首席辅政大臣索尼之子、仁孝皇后叔父、皇太子叔姥爷、大学士、领侍卫内大臣，曾经是康熙帝最信任的大臣之一。康熙二十八年他担任中俄议定边界谈判的中方首席代表，主张尼布楚、雅克萨两地当归清朝，签订《中俄尼布楚条约》。但他后来陷入了康熙帝与皇太子矛盾的旋涡。康熙四十二年五月，康熙帝以索额图“议论国事，结党妄行”之罪，令宗人府将其拘禁，不久死于幽所。康熙帝又命逮捕索额图诸子，交其弟弟心裕、法保拘禁，并命：“若别生事端，心裕、法保当族诛！”大臣麻尔图、额库礼、温代、邵甘、佟宝等，也以党附索额图之罪，被禁锢，“诸臣同祖子孙在部院者，皆夺官。江潢以家有索额图私书，下刑部论死”。就是说，只要与索额图稍有牵连者，都受到株连。

直到五年以后废太子时，康熙帝才对索额图如此严惩的原因做了明确解释：“从前索额图助伊潜谋大事，朕悉知其情，将索额图处死。”到第二次废太子时，康熙帝更明确说皇太子问题根子在索额图：“骄纵之渐，实由于此。索额图

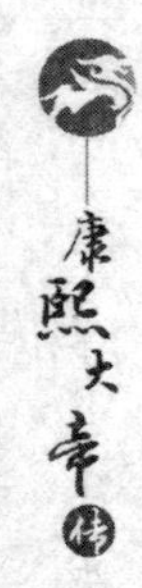

诚本朝第一罪人也！”就是说索额图之罪在于结皇太子党，骄纵皇太子，图谋篡夺皇位。所以康熙帝严惩索额图，打击并削弱外戚势力，而给皇太子敲警钟。

自索额图垮台后，康熙与太子之间的猜疑逐年加重。一是太子的重重恶行令康熙失望和愤恨，二是康熙眼见“太子党”蠢蠢欲动严重威胁到自己的皇位。至康熙四十七年九月，因皇十八子的病危而引发了一废太子事件。

不过，康熙对于这个儿子还是有着很深的感情，借着大阿哥魇镇的事件，在一年之后，康熙对外宣称二阿哥犯错只是失了心性，但是经过调养，已然恢复。因此复立为太子。然而，令康熙感到失望的是，这个二阿哥在恢复太子之位后，他非但不谨小慎微，吸取教训，反而变本加厉，集结党羽，打击报复。康熙在得到确凿证据后果断再次废了太子，从此废太子一直被圈禁到他死的那一刻，但是印象中雍正给他了一个理密亲王的封号。

3.三爷

为什么是“三爷”，而不是“三爷党”，这是由于三皇子胤祉根本没有形成什么明显的朋党之势。

三儿子胤祉（zhǐ），是个书生学究。《康熙字典》的主要编纂者就是他，当时他召集了社会上的文人名家，如陈梦雷，李钹、方苞等人，合力编书。胤祉以为这样就能让康熙喜欢自己、进而获得公平竞争帝位的机会，事实证明他的方法确实奏效了，康熙晚年的时候经常去儿子们的园子里游玩，其中经常去的就是胤祉的园子，然而，胤祉并不是淡泊名利，因为他的门人曾四处活动，联络党羽。他似乎也请过方人，替他算命。这些事情康熙都看在眼里，所以是，康熙也不可能将皇位传给他了。康熙朝的时候胤祉被封为亲王，而雍正一登基后，就将其削爵至死。

4.八爷党

“八爷党”是所有朋党之中势力最强的一支。以八阿哥胤禩为首，还包括九阿哥胤禟、十阿哥胤䄉、十四阿哥胤禵（与四皇子同母。在皇位斗争中偏向八皇子，为四皇子所恨）以及侍卫鄂伦岱、内大臣阿灵阿等人。

爱新觉罗胤禩，系清朝圣祖仁皇帝康熙第八子，生于康熙二十年二月初十日（1681年3月29日）末时，卒于雍正四年九月初八日（1726年10月5日），享年45岁。

胤禩“乐善好施”，人称“八贤王”。因生母良妃卫氏原系辛者库罪籍，因此并非子凭母贵，出生便被送到惠妃纳兰氏处抚养。低微的出身、温和的性格让他在小时候受尽兄弟嘲笑、看低。然而其天资聪颖，德才兼备，17岁便被封为

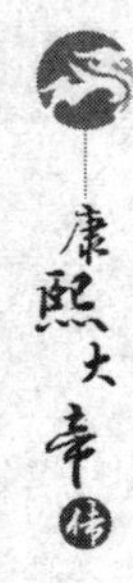

贝勒，在朝中、江南一带都有极好的声望。据闻胤禩自幼聪慧，且甚晓世故，从小养成了亲切随和的待人之风。康熙帝之兄裕亲王福全（卒于康熙四十二年）生前也曾在康熙面前赞扬胤禩不务矜夸，聪明能干，品行端正，宜为储君。

一到废太子时，诸多对储君之位有所觊觎的各党开始活跃，尤以八爷党最甚。当时康熙问朝中百官，这个储君之位谁来当最好，他便立谁。谁知百官大部都举荐了八阿哥，这引起康熙极度不满。二阿哥虽然忤逆乖张，却是从小就带在身边亲自抚养的，父子之情尚未了结。因此康熙心里是希望众大臣复立二阿哥为太子。

康熙生平最痛恨结党营私，并且当时他尚算壮年，看着朝中百官及八爷党的势力岂能不担忧自己的皇位，因此，这一切都被康熙看在眼里，心中大为不满。他曾说："二阿哥悖逆，屡失人心；胤禩则屡结人心，此人之险，百倍于二阿哥也。"所以在众人举荐胤禩为皇位继承人之后，康熙不禁大怒，还下令圈禁胤禩，借此打击"八爷党"。不过，没过多久，他就被释放出来了。

后来，康熙又多番找机会打击八爷党。

康熙四十八年三月初九日，一切铺垫停当，胤礽顺理成章的重立为太子。尔后，康熙加封诸子，皇三子胤祉、皇四

子胤禛、皇五子胤祺俱著封为亲王，皇七子胤祐、皇十子胤俄俱著封为郡王，皇九子胤禟、皇十二子胤祹、皇十四子胤禵俱着封为贝子。未受封爵的成年皇子只有已遭囚禁的皇长子胤禔、皇十三子胤祥与大失圣心的胤禩了。

胤禩于此后一年间，倒未见遭何责难，《圣祖实录》中唯有其数次随帝出巡之载。

康熙五十年十一月二十日，其母良妃薨。

康熙五十三年十一月二十六日，康熙帝在前往热河巡视途中，经由密云县、花峪沟等地，胤禩原该随侍在旁，但因当时恰是其母良妃去世二周年的祭日，所以他前去祭奠母亲，未赴行在请安，只派了太监去康熙处说明缘由，表示将在汤泉处等候皇父一同回京。后来胤禩挑选了两只上等的海东青派人送予康熙，却不想等到了康熙手里时却变成了两只奄奄一息的死鹰。这令他极为愤怒，认为这是胤禩对自己的诅咒，当即召诸皇子至，责胤禩“系辛者库贱妇所生，自幼心高阴险。听相面人张明德之言，遂大背臣道，觅人谋杀二阿哥，举国皆知。伊杀害二阿哥，未必念及朕躬也。朕前患病，诸大臣保奏八阿哥，朕甚无奈，将不可册立之胤礽放出，数载之内，极其郁闷。胤禩仍望遂其初念，与乱臣贼子结成党羽，密行险奸，谓朕年已老迈，岁月无多，及至不

讳，伊曾为人所保，谁敢争执？遂自谓可保无虞矣”。康熙终于承认了胤礽的废而复立是其出无奈之举，败招败招！尔后，康熙说出了更绝情的话：“自此朕与胤禩，父子之恩绝矣。”次年正月二十九日，康熙谕胤禩“行止卑污，凡应行走处俱懒惰不赴”，停本人及属官俸银俸米、执事人等银米。胤禩遭此一举，大受打击，到处潜行，不愿见人，并于翌年病倒。

康熙五十五年九月十一日由胤祉上奏满文奏折中可得知，胤禩于八月底染患伤寒，病势日益加重，康熙只批得“勉力医治”四字，殊是无情。九月十七日，再于御医奏报胤禩病情的折子上朱批：“本人有生以来好信医巫，被无赖小人哄骗，吃药太多，积毒太甚，此一举发，若幸得病全，乃有造化，倘毒气不净再用补剂，似难调治。”口气更近于讥刺。更有甚者，为避免途经胤禩养病之所，在康熙帝的授意下，诸皇子在皇父及祖母于九月二十八日结束塞外之行回驻畅春园的前一日，全不顾胤禩已近垂危，将其由邻近畅春园的别墅移至城内家中。当时只有九阿哥胤禟予以坚决反对，说：“八阿哥今如此病重，若移往家，万一不测，谁即承当。”而康熙反倒推卸责任的说：“八阿哥病极其沉重，不省人事，若欲移回，断不可推诿朕躬令其回家。”

但即便如此，胤禩在朝臣中仍有较高威信，如深受康熙帝倚信的大学士李光地，在康熙五十六年仍然认为“目下诸王，八王最贤”，可见他仍是大臣中声誉最高的皇子。却始终没再受康熙重用。

新君登位后，更是将他改名“阿其那”，将九阿哥改名“塞思黑”，将十阿哥，十四阿哥调往偏僻处不得返京，八阿哥及九阿哥先后在牢狱中被折磨死，其嫡福晋郭络罗氏也被雍正下令被休归家，胤禩也被开除宗籍。

5.四爷党

应该说，胤禛对储位的渴望是有一个转变过程的。这个过程可分为三个阶段：

第一阶段是在康熙四十七年胤礽首次被废黜前。这时的他还是“太子党”的人，而且对储位一点也不热衷。他只是想辅佐好太子，尽为臣之道。

第二阶段是在康熙四十八年胤礽被复立前后到康熙五十年二次被废黜之间。这一时期，诸阿哥之间掀起了一个扳倒太子，争夺储位的小高潮。像前文提到的“八爷党”就是在这个时期内逐渐形成的。这时的胤禛地位很不稳固，也无甚威信。他自知就算太子换人，也轮不到自己。前有胤祉比他年长，后有胤禩比他势强，而且胤礽能一次被复立，就有可

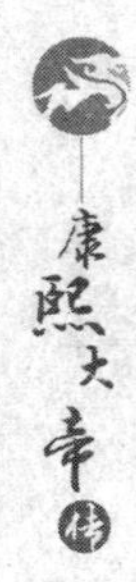

能两次、三次……被复立。他觉得太子宝座离他太过遥远，倘若刻意谋取，成功则罢；失败了的话，那就连亲王也做不成了，还会像胤礽一样被永行圈禁。所以此时的胤禛仍旧处处维护太子，在太子首次被废后，只有他敢于为胤礽说好话。与此同时，他还和胤禩等人和平共处，不把关系搞僵。

第三阶段是胤礽二度被废之后。这回众阿哥深刻认识到胤礽此次被废，绝无复立之可能，于是储位之争渐呈白热化。胤禛看到这一点，也蠢蠢欲动，结党营私，为窥视储位开始活动起来。随着胤禔早被圈禁；胤礽的二度被废；胤祉因势力太小，羽翼未丰，遂主动退出；这次的储位之争，逐渐演变为胤禛与胤禩的“四爷党”和“八爷党”之间的较量（至于胤禵，空有兵权，一无门人，二无威望，故不在对储位的有力争夺者之列）。

胤禛为了扩大势力，四处安插家奴，补外省官缺。虽然人数不多，但个个都身居要职。例如：军事上有年羹尧，他于康熙四十八年（公元1709年）任四川巡抚；五十七年（公元1718年）任四川总督；六十年（公元1721年）任川陕总督。身为封疆大吏，手握军政大权，集四川、陕西等地重权于一身。为官之地，战略地位十分重要：西可扼制胤禵大军，东可携重兵进京逼宫。又如：地方上有戴铎，历任福建知府、道员、四川布政使，与年羹尧一文一武，不愧为胤禛的左膀右臂。再如：另一个胤禛夺储过程中的重要人物——隆科多，康熙末年时任九门提督。他只要令京师九门一关，京城内包括康熙谁也甭想出去。除了他们，还有一个人不能不提，这就是十三阿哥胤祥。他早年在古北口练兵，所率部下，后多升任京城防卫部队中各级指挥官，诸如丰台大营、绿营等京师卫戍部队皆在他的掌握之中。虽然他在胤礽第一次被废时受到牵连，一直被囚禁到康熙去世（现在也有证据表明，他没有被囚禁），但其威望尚在，那些老部下也都对他和胤禛忠心耿耿。由此不难看出，胤禛不愧是一名深藏谋略的政治家，他所委派、安插之人皆出身于家奴，对他绝对忠贞不二。而胤禩呢，他的党羽中以内阁大臣为主，一无实权，二无兵权，在军事上他把全部希望都寄托在胤禵的西北大军上。可胤禵也有当储君的野心，怎会领着十几万大军为胤禩卖命。再者说了，他若真能在京城生变时领军进京勤王，年羹尧那关是能那么容易过的吗？所以说，胤禩与胤禛相比，已经处在劣势，对胤禛构不成威胁。

另外，胤禩在早期的储位之争中，锋芒过露，已引起康熙的反感和警惕。而胤禛深得韬晦之邃，加上在康熙年间，几件大案办得不错，深得康熙赏识。因此在取悦圣心这点

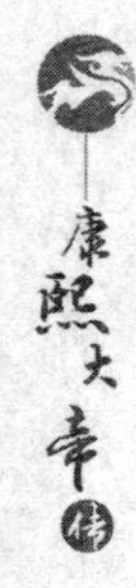

上，胤禩自然又处在下风。

胤禛还有一个最大的特点，就是善于处处掩饰自己对储位的希冀，外弛内张。这一点可以从他龙潜时在雍邸所作《悦心集》一书中看出弥端。该书收录了胤禛早期的绝大多数诗词，我有幸见过几首。诗词中的确流露出一种恬淡出世的思想。表面上借此告诉世人，自己只想做一个与世无争的皇子，不愿过问政事，其实不过以此掩盖内心的真实想法罢了。

随着日期的推移，康熙对胤禛的好感与日俱增。在日常政务活动中，常委派他调查皇族案件，或代天子行祭祀大礼。康熙六十一年十一月初九，康熙驾崩的前四天，皇上还委派胤禛代自己到天坛行冬至祭天大礼。据笔者分析，大概康熙情知自己时日无多，已决定传位给胤禛，故派他祭天，好让上苍看看这位未来之君罢。

皇子众多，帝位仅有一个。几十年的明争暗斗，终究有曲落人散之时。到底康熙本人对皇储是个什么态度呢？不难看出，他根本就不想再立太子。他深知，再立太子，众阿哥的尔诈我虞无时了！唯一的办法，就只有在自己弥留之际再行昭示天下了。

康熙六十一年（1722年），康熙帝病故于畅春园，当时八爷党支持的十四阿哥胤禵远在西北，四阿哥胤禛留京。康熙近臣步军统领隆科多（清圣祖孝懿仁皇后之弟）宣布康熙遗嘱宣胤禛继承皇位，是为雍正皇帝。日后八爷党人惨遭迫害，九子夺嫡以雍正取胜告终。

雍正为防止再出现兄弟间争夺皇位的惨剧，从此实行秘密建储制度，不再公开设立太子，由皇帝写诏书并放置于乾清宫正大光明匾额后，直到皇帝驾崩后人才能打开并宣布继承人。

愈演愈烈的党争

康熙8岁登基，在位61年，是中国历史上在位时间最长的皇帝，他一生波澜壮阔，被人们称为“千古一帝”，康熙在位时强调君主专制，他最痛恨党争，但和其他任何朝代一样，康熙也没有办法避免这一问题，且在康熙年间党争问题成愈演愈烈之势，上到皇亲国戚，下到臣子，以至于地方上的官吏，也被卷入其中，最为突出的就是索额图和明珠的两党之争了。

索额图家族世代为官，势力不小。而明珠是依靠自己的

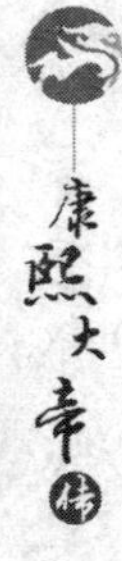

努力奋斗才混入朝堂。索额图的父亲是四位顾命大臣之一，首辅大臣索尼。同为顾命大臣的还有鳌拜，苏克沙哈，遏必隆，在四位顾命大臣中，索尼是第一个。

当苏克沙哈和鳌拜为了主考官之位争夺的时候，他们一起请示索尼，索尼这时候装病逃过了这一劫。之后孝庄皇后要康熙娶了索尼的孙女，这时候的索尼成为太国丈于是就出面斗鳌拜。斗鳌拜的时候，索额图立了大功，地位不断上升，同时能力也不俗。在康熙继位之初，他是康熙的得力助手，另外父亲是索尼，女儿是皇后，家族的势力可见一斑。

明珠名叫纳兰明珠，姓叶赫那拉。其实就是慈禧的那一族，并且叶赫那拉和爱新觉罗一族是世仇，明珠凭借自己的聪明才干才在朝堂上站稳脚跟。在康熙决心削藩的时候，明珠抓住了机会，他发现索额图一说话，康熙不是很愿意答应，还一直问还有多少银子之类的话，明珠看出了皇帝削藩的意图。于是就站了出来冒险提出了削藩的主意。自此之后，康熙开始重用他。

因此，在提出自己的削藩的方案后，明珠得到了康熙的赏识。之后的他平步青云，三年就升任大学士。

对于两党的争斗，康熙一直保持着中立的态度，他深知两人都想在自己面前立功，于是他将两人的力量为已所用，充分调动了两党的积极性。

例如，在中俄战争结束后，索额图以大清代表身份签订了中俄《尼布楚条约》，很好地解决了中俄边境问题，而明珠主张撤藩，积极参与平定三藩以及战后恢复经济的工作，后来，他还主张收复台湾，并力荐施琅挂帅，在收复台湾以后，他还建议派兵驻守，体现了其长远的眼光。可以说，在康熙的丰功伟绩之中，索额图和明珠都起到了至关重要的作用。不过，无论如何，他们都是康熙手中的棋子，无法逃脱康熙的手掌心，康熙对于两人的争斗也表现出坐山观虎斗的态度，但前提是不能威胁自己的专制统治，这是康熙的底线，一旦违反了，康熙就无法容忍了，两人后来确实是栽在了这个问题上。

一开始，明珠和大皇子胤禔图谋不轨，妄图废除太子的储君之位，康熙察觉后，便找了个借口对明珠开刀——指使一名御史弹劾明珠贪污。

康熙这样做，能将事件影响降到最低，因为当时的明珠党羽有很多人、势力庞大，如果直接弹劾明珠结党营私，那么，必然会牵动明珠背后的庞大势力，而那些党羽为了自保，必定会想方设法保住明珠，事情就会牵扯很大，整个朝堂都要受到波及，但如果只有一人出来弹劾明珠，那么，也只有明珠一人，其背后党羽不会出头，于是，康熙以“贪污受贿”罪将明珠下狱，而混迹官场的明珠自然有办法明哲保身，而他想到了一条绝佳妙计。

这时，明珠让一个自己的亲信假扮成是索党的人上书弹劾自己结党营私、图谋造反，则听起来简直无法理解，要知道，贪污只是下狱，而谋反罪名就大了，那么，明珠为什么要这么做呢?

其实，这是一步险棋。明珠这样做，很快让索党上当了，他们果真认为这是一举消灭明党的大好机会，便纷纷上书攻击明珠谋反，这样一来，康熙就陷入了十分为难的境地：如果明珠谋反罪成立，那么，明党其他人势必会被牵扯进来，而这些人为了自保，一定力保明珠，这样，整个朝堂都会公然与康熙对抗，这是康熙最害怕看到的，另外，如果明珠罪名成立，朝堂之中就剩下索额图一方了，必然造成索党一党独大的局面，这对于康熙的统治也会产生威胁。所以他最后必须保住明珠，以起到牵制索党的作用，保持朝堂上的平衡。

事实证明，明珠的计谋生效了，明党为了保住自己，纷纷上书为明珠辩护，迫于形势，康熙不得不对明珠高高拿起又轻轻放下，只是免除了明珠的大学士之位，不久后又让他

担任内大臣，后来一直在自己身边，并且长达二十年之久，直到他去世。

由此可见，康熙在位时朝堂的权力之争是十分激烈的，甚至康熙自己都无法掌控。为了维持朝堂的稳定，康熙不得不让两党互相牵制，康熙二十九年（1690年），康熙命裕亲王福全征兵噶尔丹，明珠参赞军务，康熙三十五年（1696年）、三十六（1697年），康熙帝两次亲征噶尔丹的过程中，明珠都随从大军督运粮饷，立下功劳，以此官复原职。康熙这一手，可谓是一石三鸟：首先，打击了明珠一党，灭了他们的气焰；其次，明党依旧在，能牵制索额图一党；同时，敲山震虎，给索党一个警告。

不过，这些权力斗争让康熙心力交瘁，他到晚年的时候，更是疑心病加重，当他发现索额图和太子迫不及待地准备登基时，康熙终于下决心结束这场权力党争了。于是，在康熙七四十二年（1703年），康熙以"议论国事、结党妄行"的罪名将索额图收押宗人府，不久，索额图被处死，而他的党羽，杀的杀、收押的收押、流放的流放，很快就溃散了。在这件事上，康熙毫无征兆地处理掉了索额图一党，将可能发生的谋反扼杀在摇篮里。

不过，对于自己儿子们之间的结党，似乎他没有更好

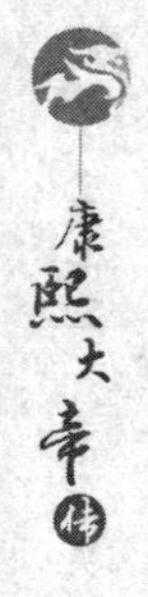

的办法，这让晚年的康熙焦头烂额，也为他的健康埋下了隐患。

离世之谜

晚年康熙身体一直不是太好，康熙五十四年（1715年）的一天，康熙的右手突然无法动弹，但是他却坚持用左手批奏折，到康熙五十六年的冬天，康熙又生了一场大病，双脚浮肿，无法站立。

康熙五十一年（1712年），太子胤礽再次被废以后，康熙不愿意再提及立储之事，如果有人提及了此事，康熙定会龙颜大怒，后果十分严重。康熙之所以对这件事避而不谈，原因有两个：第一是他不想看到皇子们因为这件事自相残杀；第二是他害怕在立储之后自身安全受到威胁。这件事弄得康熙晚年愁闷不已，成为他的一块心病，身体也受到影响。

然而，不立太子的弊端也逐渐出现，比如，这些皇子们绝不会因此停止争斗，只不过会因为暂时没有明确谁是目标而收敛一点而已。康熙五十六年（1717年），大臣们一致请

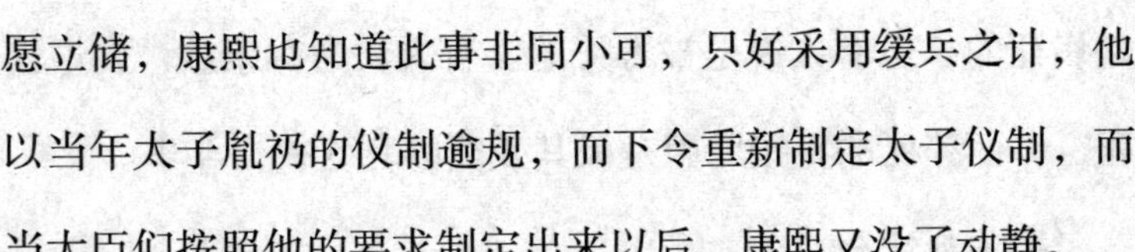

愿立储，康熙也知道此事非同小可，只好采用缓兵之计，他以当年太子胤礽的仪制逾规，而下令重新制定太子仪制，而当大臣们按照他的要求制定出来以后，康熙又没了动静。

康熙当然也知道始终不立储给大清带来的负面影响，但是他一直对自己的健康很自信，况且，即便真的到了大限将至的时候，他也相信自己能在最后一刻宣布继承人选，但他万万没有想到真到这一天来临的时候，自己并没有做好准备，而这也导致了雍正登基的千古谜案。

《清圣祖实录》和《永宪录》均记载，康熙六十一年（1722年）十月二十一日，69岁的康熙兴致勃勃去南苑打猎。十一月七日感觉身体不适，十三日晚便死去。康熙帝临终前几天，只不过是“偶感风寒”，并没有到任何病危阶段，按现在的话说，未发出过任何“病危通知”。那么康熙帝死前，到底在宫廷里发生了什么？

在《永宪录》中有记载，康熙回到畅春园后，第二天，康熙传旨“偶感风寒，本日即透汗”，这话值得“推敲”。“自初十至十五日静养斋戒，一应奏章，不必启奏。”其实，他晚年的身体健康状况并不好，还不肯看医生。单从此话可以看出，他的真实病况要严重很多。

不过，对于康熙皇帝的死因，史上说法不一，有人说

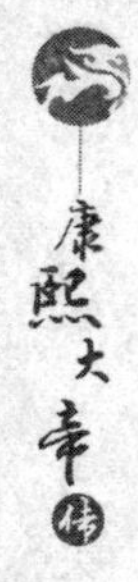

是病死的，也有人说是被毒死的。有人认为，康熙“含恨猝死”，而猝死的直接原因是极其残酷的宫廷权力斗争。

据史料记载：

十一月六日：康熙帝在南苑听取胤禛、隆科多汇报通州查勘粮仓一事时“久议方散”。

十一月七日：康熙就“偶感风寒”。而后，又始终没有任何治病的活动与记载。

十一月九日：康熙帝命令胤禛去南郊祭天，胤禛以“圣躬不豫”为名推辞不去，多次恳求留在康熙身边，遭康熙拒绝。

十一月十日：胤禛却一日三次派侍卫进入康熙寝宫，以后又每日不断多次派侍卫进入。

十一月十三日：凌晨1—3时：康熙急召胤禛，胤禛当时正在南郊天坛，距畅春园骑马不到一个小时即可赶到，但直至巳刻（上午9—11点）才匆匆赶到。胤禛为什么连续8—10个小时始终不露面？

十一月十三日晚：康熙猝死。

让人起疑的是，从十一月十日起，直至十一月十三日晚康熙猝死，除胤禛一人进出五次，竟没有任何一名大臣、皇子、后妃在现场；康熙猝死后，胤禛为其父更衣，也仍然没有任何一名大臣、皇子、后妃在现场；而且康熙猝死后，从畅春园往紫禁城宫内移灵时，又仍然没有任何一名大臣、皇子、后妃在现场。最知道事实真相者，莫过于雍正本人，对于参汤事件究竟之有无，也只有雍正本人知晓。

在《大义觉迷录》中，雍正说，八阿哥用他向康熙进参汤一事加恶名于他进行报复。雍正认为：八阿哥把康熙帝之死同自己向康熙帝进参汤作为因果关系是“加恶名于朕”。可见，雍正否认的是，他并无以参汤弑父夺位之心，而并非否认自己在康熙帝临终之日确向康熙帝进参汤之实。雍正进参汤，八阿哥根本不在现场，又何能知道？当是康熙帝近侍之人揭发所为。雍正一上台就将康熙帝近侍之人一网打尽，原因也盖在于此。造成康熙猝死的直接原因是巨大、强烈的精神刺激。

清史学者王仲翰在《清世宗夺嫡考实》一文中，以意大利人马国贤身临其境目击其事的记载断言：“驾崩之夕，号呼之声，不安之状，即无鸩毒之事，亦必突然大变。”关于康熙皇帝的死，有学者说，康熙帝去世和胤禛继位“是一场以武力为后盾，精心策划，巧妙安排的宫廷政变”，是“隆科多在药品或是食物中投放了致命性的毒药”害死了康熙帝。而另一种说法则完全否定“谋害致死”的说法，因为

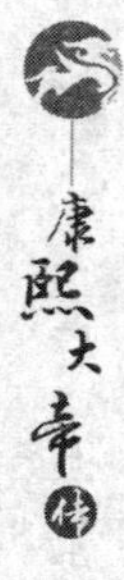

康熙帝生前对胤禛较为信任，临终传位，完全可能，而且康熙帝久病在身，因感冒引起其他病状，其死亡实属正常，再则，康熙帝本人对人参“不轻用药”，加上警卫森严，用人参汤毒死他是很难的。谁是谁非还有待对历史的进一步研究，但也可能是千古之谜了。

不过，无论如何，康熙最终撒手人寰，走完了他人生的最后一段路程，至于日后大清朝着何种方向发展，已经不是他所能掌控的了。回顾康熙的一生，可谓是雄才大略、波澜壮阔，他幼年登基，继而丧母，在祖母孝庄太后的扶持和呵护下，一步步坐稳帝位，他智擒鳌拜、平三藩、收复台湾、肃清漠北，在后来的统治下，大清国泰民安，开了康乾盛世，这些都足以让他名垂千古，他可以称得上是中国历史上的千古一帝。

雍正即位后，大臣们对康熙追谥号为：“合天弘运文武睿哲恭俭宽裕孝敬诚信功德大成仁皇帝”，拟庙号为“圣祖”，至此，康熙结束了他叱咤风云的一生。

参考文献

[1]张亮.榜样的力量·政治篇：康熙（开创清朝盛世的一代明君）[M].北京：团结出版社，2013.

[2]张文君.小学生励志必读名人传记：康熙皇帝传[M].成都：成都地图出版社，2018.

[3]李丹丹.千古人物：清圣祖康熙传[M].海拉尔：内蒙古文化出版社，2016.

[4]王艳娥.榜样的力量：康熙的故事[M].北京：北方妇女儿童出版社，2011.